PENSER LE CORAN

DU MÊME AUTEUR

LA LUTTE DE CLASSES EN EGYPTE, Maspero, 1969.

LES ARABES AU PRÉSENT, Seuil, 1974.

ARABES ET ISRAÉLIENS, UN PREMIER DIALOGUE (en collaboration avec Saul Friedländer et Jean Lacouture), Seuil, 1974.

VERSANT SUD DE LA LIBERTÉ, essai sur l'émergence de l'individu dans le Tiers-Monde, La Découverte, 1989.

SUR L'EXPÉDITION DE BONAPARTE EN EGYPTE. Textes de Vivant Denon et Abdel Rahman el-Gabarti, choisis, croisés et commentés, Actes Sud, 1998.

AL-SÎRA. LE PROPHÈTE DE L'ISLAM RACONTÉ PAR SES COMPAGNONS, tome I, Grasset, 2005.

AL-SÎRA. LE PROPHÈTE DE L'ISLAM RACONTÉ PAR SES COMPAGNONS, tome II, Grasset, 2007.

Films documentaires

VERSANT SUD DE LA LIBERTÉ, basé sur le livre (2 x 52 min). Diffusé par France 2 en 1993 et 1996.

L'AIGLE ET LE SPHINX. Sur l'expédition de Bonaparte en Egypte, basé sur le livre (52 min). Diffusé par France 3 en 1998 et 2000.

LORSQUE LE MONDE PARLAIT ARABE, ou l'Age d'or de l'Islam (12 x 26 min). Diffusé par France 5 en 2000, 2001, 2002 et 2003. Rediffusé dans le monde entier.

MAHMOUD HUSSEIN

PENSER LE CORAN

BERNARD GRASSET
PARIS

ISBN 978-2-246-74081-0

A la mémoire de
Khâlid Muhammad Khâlid,
apôtre de la démocratie en islam,
notre ami,
chez qui la foi en Dieu
n'était pas séparable
de la liberté de penser.

POUR LIRE LES TERMES ARABES

Voyelles particulières :
Le **u** se prononce **ou**.
L'accent circonflexe signale une voyelle longue.

Consonnes particulières :

gh se prononce comme	le **r** grasseyé français
kh	la **jota** espagnole
dh	le **th** anglais dans *there*
th	le **th** anglais dans *three*
sh	le **ch** français
w	le **w** anglais
y	le **y** anglais

' correspond à l'attaque glottale des voyelles en début de proposition (exemples : Ayant appris que ; Abraham dit).
' le *ayn* guttural est proche du son qu'on trouve au plus profond de la gorge.

Au milieu d'un mot, le **s** doit se lire **ss**, et non **z**.

En fin de syllabe, **on**, **an**, **in** doivent se lire **onn**, **ann**, **inn** -- en prononçant le **n**.

CONVENTIONS TYPOGRAPHIQUES

Le texte des auteurs est composé en caractères droits.
Les versets du Coran sont composés **en caractères gras**
Les extraits de livres d'exégèse sont composés *en italiques.*

La référence des versets coraniques cités est indiquée, selon l'usage, par le numéro de la sourate en chiffres romains, suivi du numéro du verset en chiffres arabes.

La référence des extraits d'auteurs classiques est indiquée par le nom de l'auteur, suivi du numéro de la page de l'extrait choisi.

La liste des auteurs et des livres cités est donnée en fin d'ouvrage.

A la veille de 'Arafa, le Prophète implora la clémence de Dieu en faveur de la communauté des musulmans. Dieu répondit : « Je pardonne à tous, sauf à ceux qui ont commis des injustices. Il faut bien que je prélève sur eux de quoi dédommager leurs victimes. » Le Prophète insista : – Seigneur, tu peux prendre au Paradis de quoi dédommager les victimes et pardonner quand même à ceux qui ont commis les injustices.

Dieu ne répondit pas.

Arrivé à Muzdalafa, le Prophète l'implora à nouveau en faveur de tous ceux de sa communauté. Cette fois, Dieu y consentit.

Alors le Prophète éclata d'un rire joyeux.

(Al-Ahâdîth al-Qudusiyya)

CE QUE DIT LE CORAN
ET CE QU'ON LUI FAIT DIRE

Nous sortions d'un autre temps.

Nous venions de consacrer de longues années à l'écriture du livre qui retrace la vie du Prophète Muhammad, d'après les premières Chroniques musulmanes [1]. Immergés dans l'actualité du VIIe siècle arabe, nous nous étions comme absentés de l'actualité d'aujourd'hui. La parution des deux tomes du livre nous y a brusquement ramenés.

Elle nous a valu des tournées de conférences en Europe et dans quelques pays arabes, à la rencontre de ce qu'il est convenu d'appeler le « grand public ».

Nous nous attendions à être partout interpellés sur les deux grands thèmes qui font

1. *Al-Sîra. Le Prophète de l'islam raconté par ses compagnons* (2 vol.), 2005-2007, Grasset.

l'intérêt essentiel des Chroniques : la figure du Prophète rendue à son humanité et la révélation du Coran rendue à son contexte. Mais le plus souvent, nous avons parlé d'autre chose. Où que nous allions, les gens voulaient d'abord savoir « ce que dit le Coran » sur quelques questions élémentaires trottant dans toutes les têtes.

Les non-musulmans venaient en général apprendre ce qu'ils ne savaient pas. Les musulmans venaient surtout s'assurer de ce qu'ils croyaient savoir. Les uns comme les autres s'attendaient à recevoir des réponses simples, tranchées, concluantes. Le type de réponses que nous ne pouvions pas leur donner.

Peut-on trouver une référence coranique à l'action de ces kamikazes qui, en se faisant exploser sur une place publique ou dans un métro, déchiquettent indistinctement combattants et civils, petits et grands ?

Le Coran condamne quiconque attente à la vie d'un innocent (verset V, 32). Le Prophète a expressément interdit aux musulmans de se donner la mort. Et il ne leur a permis de tuer que des combattants ennemis adultes et armés, à l'exclusion des femmes, des vieillards et des enfants.

Comment certains musulmans peuvent-ils néanmoins commettre de tels attentats ? Ils citent un verset qui appelle à combattre les polythéistes (verset IX, 3-5) et appliquent ce qualificatif à tous ceux qu'ils considèrent comme leurs ennemis. Ils font dire au Coran ce qui les arrange.

On retrouve cette forme de manipulation du texte à propos de l'apostasie. Est-elle, selon le Coran, justiciable de la peine de mort ? Nous avons vu un homme défendre cette idée avec une telle fougue qu'il nous a amenés, un instant, à douter de nos connaissances. On ne trouve rien de tel dans le Coran. Mais l'homme se prévalait d'un verset où Dieu, visant ceux qui violent le pacte conclu avec Lui, les prévient qu'ils sont les perdants (verset II, 27).

La lapidation de la femme adultère constitue un cas particulièrement troublant. Elle continue d'être admise, fût-ce à regret, par nombre d'intellectuels musulmans, au prétexte qu'elle serait commandée par Dieu. Or, le Coran n'en dit mot. Cette conviction se perpétue cependant à partir d'arguments discutables : elle serait dictée par un verset coranique qui, selon certains, a été perdu et, selon d'autres, abrogé.

Qu'en est-il de l'inégalité juridique entre l'homme et la femme, de l'institution de l'esclavage ? Voilà une dame, bardée de diplômes scientifiques, convaincue que ces pratiques étaient étrangères au Coran. Elle nous prévenait qu'elle n'acceptait à ce propos aucune citation tirée des *Hadîths* (Dits du Prophète) ou de la *Sîra* (Témoignages de ses compagnons) et que, pour elle, seul le Coran faisait foi.

Nous avons commencé par citer des versets qui admettent ces inégalités (versets IV, 34 et II, 178), puis, comme la dame restait sans voix, nous lui avons fait remarquer que, selon nous, il fallait considérer la chose d'un point de vue historique. Le Coran a humanisé le statut de la femme, il lui a accordé des droits juridiques qu'elle n'avait pas auparavant, il lui a reconnu devant Dieu, en tant que croyante, une dignité égale à celle de l'homme (verset XXXIII, 35). Il a, en outre, tracé des limites morales à la pratique de l'esclavage, en préconisant aux croyants d'affranchir autant d'esclaves qu'ils le pouvaient, notamment pour se faire pardonner leurs péchés (verset IV, 92). Le Coran n'a pas créé des inégalités là où régnait de l'égalité. Il a apporté des améliorations là où régnaient des inégalités flagrantes.

Voici encore cet homme d'un âge vénérable, soutenant que la polygamie était une pratique contraire à l'islam, introduite bien après l'époque du Prophète. Nous avons dû lui lire, en traduisant les mots de l'arabe, l'un des versets coraniques qui autorisent l'homme à épouser jusqu'à quatre femmes, à condition qu'il puisse les traiter équitablement (verset IV, 3).

Nous ne nous attendions pas à affronter une connaissance aussi lacunaire, aussi sélective, du Coran, en particulier chez des musulmans pratiquants. Mais nous avons surtout été frappés par le sentiment, largement répandu parmi eux, que le Coran devait nécessairement apporter des réponses claires, univoques, définitives, à toutes les questions qu'ils se posaient, comme il n'avait cessé de le faire, croyaient-ils, à toutes les questions que se sont posées les musulmans depuis l'avènement de la prophétie.

Nous n'oublierons pas cette jeune femme, les cheveux sagement recouverts d'un châle, devant qui nous évoquions les conditions dans lesquelles, aux dires d'un compagnon du Prophète, le port du châle aurait été commandé par Dieu.

Cela se passait à Médine. Les femmes devaient sortir de la ville, à la tombée de la nuit, pour leurs besoins. Elles étaient alors souvent importunées par des voyous. Elles firent part de leur colère à leurs maris, qui en parlèrent à leur tour au Prophète. C'est à la suite de ces incidents que le verset coranique aurait été révélé à ce dernier. En revêtant un châle, les femmes musulmanes libres pouvaient se faire aisément reconnaître, et dès lors se faire respecter, même dans l'obscurité de la nuit (verset XXXII, 59).

La jeune femme, devant nous, était visiblement excédée. Elle finit par nous demander comment nous osions penser que Dieu, dont le Livre ne contenait que des commandements éternels, pouvait n'avoir ordonné le port du châle que pour des raisons aussi triviales.

Nous répondîmes que cet épisode était cité par les exégètes les plus orthodoxes, et qu'en tout état de cause, elle était libre de considérer que ce verset obligeait toutes les femmes du monde, jusqu'à la fin des temps, ou au contraire de considérer qu'il répondait à des exigences étroitement conjoncturelles, aujourd'hui dépassées.

*

Au-delà d'une information élémentaire sur la teneur de tel ou tel verset, nous nous efforcions de souligner ce qui, pour nous, était une évidence : que la parole coranique entretient un lien vivant avec le contexte dans lequel elle a été révélée.

Ces tournées nous ont permis de mesurer la difficulté qu'éprouvent de nombreux croyants à admettre un tel discours. Et de comprendre pourquoi, dans leur for intérieur, ils ne se sentent pas autorisés à l'admettre.

Ce qui les en empêche, c'est une doctrine qui a progressivement pris corps après la mort du Prophète et qui, depuis, n'a cessé de faire des ravages dans les esprits. Elle repose sur un raisonnement à première vue imparable : le Coran étant la Parole de Dieu, il n'est pas tributaire du temps. Ses versets ne sont pas liés au contexte où ils ont été révélés. Ils sont formulés, une fois pour toutes, pour embrasser tous les contextes possibles. Aujourd'hui comme hier, ils sont donc à prendre, tels quels, au pied de la lettre. C'est le postulat littéraliste.

Le croyant est alors confronté au syllogisme suivant : est musulman celui qui croit que le Coran est la Parole de Dieu. Celui qui doute de l'imprescriptibilité de tous ses versets doute, nécessairement, du credo selon lequel le Coran est la Parole de Dieu. Il n'est donc plus musulman.

Cette implacable démonstration explique le trouble de tant de croyants, confrontés à des prescriptions coraniques qu'ils préfèrent ne pas voir, forcés de tricher avec leur conscience en s'efforçant d'« oublier » tel verset, ou en « privilégiant » tel verset par rapport à tel autre, alors qu'ils se croient tenus d'accepter tous les versets, sans exception, comme également imprescriptibles.

C'est ainsi que s'insinuent, au fond de chaque conscience, de secrètes déchirures entre la fidélité au texte et la pression des faits, entre le sens d'une vérité intemporelle et l'expérience vécue du changement et de la relativité, entre la soumission à l'argument d'autorité et l'exercice de la réflexion personnelle.

C'est pour tenter d'échapper à ces dilemmes que certains se réfugient dans l'intégrisme – où ils abdiquent leur liberté de conscience, en échange de certitudes simples, arbitrairement découpées dans le texte coranique ; où ils ne reconnaissent du réel que ce qui semble conforter leur dogme.

★

Le propos des pages qui suivent est de montrer que ces déchirures et ces errements ne découlent pas du Coran, mais sont le fait de l'a priori littéraliste.

Ce dernier plante un décor en trompe l'œil, qui occulte la composante temporelle du Livre, pour ne laisser voir que son origine divine. Or, une lecture sans a priori du Coran fait apparaître que ces deux dimensions sont inséparables. La Parole de Dieu s'est manifestée en se projetant dans un lieu précis, en un moment donné de l'histoire du monde.

Si Dieu destine cette Parole à l'humanité dans son ensemble, Il la révèle à un groupe particulier d'humains, les Arabes du VIIe siècle, qui en sont les premiers dépositaires. Il ne se contente pas, alors, de leur dicter les principes fondateurs de l'islam, Il intervient aussi dans le cours de leur vie terrestre.

Par le truchement de Son Prophète, Il leur adresse un message formulé en leur langue, qui répond directement à leurs espoirs et à leurs interrogations, dont les visées spirituelles s'entrelacent souvent à des propos de circonstance. La Parole de Dieu se présente ainsi comme indissociable du temps humain où elle s'est inscrite.

Le croyant qui vit cette Parole sous d'autres cieux, en d'autres siècles, ne peut donc pas la prendre au pied de la lettre. Il est au contraire appelé à un effort d'interprétation, pour accorder les enseignements coraniques aux conditions changeantes de la vie.

LE CRÉÉ ET L'INCRÉÉ

L'a priori littéraliste n'est pas toujours allé de soi. Il ne s'est imposé en islam qu'après une lutte de plusieurs siècles, commencée au lendemain de la mort du Prophète.

Dans les premières écoles de lecture du Coran, deux démarches s'opposent déjà : l'une, dont le commentaire s'efforce de rester au plus près du texte, en s'appuyant sur la tradition des premières générations de croyants ; l'autre, dont le commentaire favorise la réflexion personnelle, en s'appuyant sur la raison.

Lorsque s'esquissent les premières doctrines religieuses, on retrouve le conflit entre raison et tradition dans l'affrontement qui oppose les *Qadarites*, pour qui le Coran fait ressortir le libre arbitre de l'homme, aux *Jabrites*, pour qui le Coran fait prévaloir le pouvoir absolu de Dieu.

Avec la traduction en arabe des philosophes grecs, et tout particulièrement de la Logique d'Aristote, les thèses qui privilégient l'autonomie de la raison acquièrent une force et une cohérence nouvelles. Le grand débat théologique peut commencer. Il donnera licu à des controverses, dont on ne soupçonne même plus, aujourd'hui, la richesse et la fécondité. En le simplifiant à l'extrême entre ses deux principaux pôles :

— L'école des *Mu'tazilites* donne du Coran une lecture marquée par la confiance dans le pouvoir souverain de la raison. Dieu Lui-même est Raison. Il a donné aux humains la puissance d'agir librement, à partir de quoi Il les sanctionnera, à la fin des temps, en fonction de leurs actes.

— Face à cette école se dressent les représentants de la Tradition, au premier rang desquels le fondateur de l'une des quatre écoles de *fiqh* (jurisprudence), Ibn Hanbal. Ce dernier rejette avec force la notion de libre arbitre humain, qui apparaît comme une entrave à l'absolue puissance de Dieu, cette dernière étant hors de portée de la raison humaine.

Le débat décisif se cristallisera au IXe siècle,

à Bagdad, autour de la nature de la Parole de Dieu : cette Parole est-elle consubstantielle à Dieu ou n'est-elle que l'un de Ses attributs ? Est-elle intemporelle, éternelle, comme Lui, ou est-elle distincte de Lui et inscrite dans le temps ?

D'où la fameuse question portant sur le statut du Coran : est-il « créé » ou « incréé » ?

Selon les Mu'tazilites, le Coran est « créé ». Cela veut dire qu'il est distinct de Dieu, et, contrairement à Lui, survenu dans le temps. Comme il est tributaire de la raison, les croyants peuvent le comprendre et comme ces derniers sont libres et responsables de leurs actes, ils se doivent de déployer un effort de recherche personnelle, en vue de l'interpréter au mieux de leurs capacités, dans des situations différentes de celles où Dieu l'a révélé.

Selon Ibn Hanbal, le Coran est « incréé ». Cela veut dire qu'il participe de la substance de Dieu, qu'il est inséparable de Dieu lui-même. D'une part, il est investi de l'intemporalité de Dieu et, d'autre part, il se place au-dessus de la raison. Pour les croyants, dès lors, l'intelligibilité de ses versets compte moins que la présence divine dont ils sont porteurs. Ce qui importe, c'est moins de les comprendre que de s'en imprégner toujours plus profondément.

L'affrontement entre *Mu'tazilites* et *Hanbalites* verra la victoire décisive des seconds, à Bagdad, vers la fin du IXe siècle. Les deux problématiques, rationaliste et traditionaliste, continueront de se croiser et de s'opposer, empruntant des formulations plus ou moins abruptes ou subtiles, à l'échelle du monde musulman, notamment dans al-Andalus, jusqu'à la fin du XIIe siècle.

Mais la victoire des thèses traditionalistes, dans leur formulation la plus étroitement littéraliste, est consommée pour de longs siècles avec les enseignements d'un Ibn Taymiyya au XIVe, que viendront prolonger, au XVIIIe, ceux d'un Ahmad ibn 'Abd al-Wahhâb (auquel se réfère le wahhabisme actuel).

Tout au long de cette période, le littéralisme a si profondément marqué les esprits, dans tous les domaines de la science religieuse, qu'on en parle comme s'il allait de soi – ou qu'on n'en parle même plus, comme s'il était devenu synonyme d'islam.

De ce fait, de nombreux croyants abordent aujourd'hui le Coran comme un texte qui doit conforter leur foi, mais non leur intelligence, un texte où la raison n'est appelée qu'à saisir le sens premier des mots.

Enfants, ils en apprennent des fragments par cœur sans les comprendre. Devenus grands, ils fréquentent le texte sans oser le penser. Ils égrènent les mots, récitent ou psalmodient les versets, écoutent des fragments commentés à la mosquée, à la télévision, peut-être dans un cours du soir.

Mais la plupart d'entre eux n'iront pas par eux-mêmes à la découverte du texte. Ils ne s'aventureront pas dans une recherche de sens, encore moins dans une interprétation.

En se privant ainsi d'une compréhension personnelle, librement élaborée, de l'univers que le Coran leur offre, c'est une part intime de leur identité, de leur confiance en soi, qu'ils mutilent. Ils ont alors tendance à se replier sur eux-mêmes et à s'isoler du reste du monde, plutôt qu'à se lancer, avec les autres composantes de l'humanité, dans l'aventure d'un destin commun.

COMPRENDRE LE CORAN

L'inextricable réseau de tranchées savantes creusées, depuis plus d'un millénaire, autour du postulat du « Coran incréé » n'est pas près d'être démantelé. En attendant, il obstrue les voies d'une approche libre, intelligente, rationnelle, du Coran. Mais il ne continue à le faire que tant qu'il est considéré comme incontournable. C'est pourquoi il importe de le contourner.

Notre propos, dès lors, est d'aller directement au Coran, de s'efforcer de le comprendre en le lisant, à la lumière des circonstances de son avènement.

Car enfin, c'est dans le Coran que se trouve la Parole de Dieu. Et cette Parole, Dieu l'adresse à chaque croyant, directement et personnellement, à charge pour ce dernier de faire l'effort nécessaire pour la lire, la comprendre, l'entendre toujours plus profondément et s'en inspirer toujours plus fidèlement, au long de sa vie terrestre. C'est même là son premier devoir de croyant.

A cet exercice de lecture directe, responsable, l'islam a jadis donné un nom : l'*Ijtihâd,* ou l'effort persévérant que chacun est appelé à déployer au service de la Parole de Dieu.

Mais le texte coranique est d'un accès ardu. Le comprendre ne va pas de soi – notamment parce que les 6 236 versets qui le composent ont été réunis en un volume, quelque vingt ans après la mort du Prophète, dans un ordonnancement inexpliqué, qui ne dévoile ni leur chronologie ni les diverses circonstances dans lesquelles ils furent révélés.

C'est en exploitant cette difficulté de lecture que les tenants des thèses littéralistes justifient, depuis si longtemps, la nécessité de s'interposer entre le texte et son lecteur. Comment faire pour accéder au texte sans passer par eux ?

La solution existe. Elle remonte à l'expérience même des compagnons du Prophète. La plupart d'entre eux, en effet, ne saisissaient pas d'emblée le sens des versets qu'il leur récitait. Ils allaient le trouver, individuellement ou par groupes, et l'interrogeaient à ce propos. Il leur répondait en explicitant, en commentant, en illustrant, les différents versets.

Après sa mort, c'est à ses compagnons qu'échut la tâche de transmettre, à de nouveaux croyants dont les rangs ne cessaient de grossir, les propos qu'ils avaient entendus de la bouche du Prophète, enrichis de leurs propres souvenirs sur les moments et les lieux où les versets lui avaient été révélés.

Enfin, quelques générations après la mort des derniers compagnons, traditionnistes et chroniqueurs ont commencé à rassembler cette somme de témoignages directs, d'abord transmis oralement et peu à peu mis par écrit.

Fondé sur ces témoignages, un instrument essentiel à l'intelligence du texte coranique allait naître : l'étude des circonstances de la révélation de ses versets – étude qui s'est peu à peu développée en une branche à part entière de l'exégèse coranique.

Cet instrument est indispensable à qui s'efforce, aujourd'hui, d'aborder directement le Livre. C'est la boussole qui lui permet de s'orienter en progressant, pas à pas, dans l'approfondissement du texte.

Lorsque cette lecture est entreprise sous le double signe de la foi et de l'intelligence, elle se charge par elle-même de réfuter la doctrine du « Coran incréé ». Car la vérité du Coran, celle d'une transcendance manifestée dans le temps, s'impose à la raison comme une évidence.

LE CADRE HISTORIQUE DE LA RÉVÉLATION

Rappelons le décor historique de la Révélation.

Au tournant du VIIe siècle de l'ère chrétienne, l'immense territoire de la Péninsule Arabique est peuplé de tribus nomades ou semi-nomades. Un petit nombre d'entre elles se sont sédentarisées, en s'établissant dans quelques villes, essentiellement regroupées au sud, dans le prospère Yémen, ou au centre-ouest, le long de la mer Rouge. Parmi ces dernières, La Mecque se distingue par un triple privilège, géographique, économique et religieux.

Surplombée de montagnes qui l'encerclent de toutes parts, elle est protégée par son décor naturel. Elle a su en profiter pour devenir le carrefour des routes caravanières reliant alors le Yémen à la Syrie et à l'Irak. A dos de chameau, le voyageur met un mois pour la rejoindre venant de Damas au nord ou d'Aden au sud, vingt-cinq jours venant de Bassora à l'est.

De plus, La Mecque abrite un sanctuaire, connu sous le nom de Ka'ba, qui est largement vénéré dans une grande partie de la Péninsule.

La Ka'ba contient, de fait, aussi bien les idoles du panthéon mecquois, que celles de nombreuses autres tribus extérieures à la ville. Durant des périodes fixes de pèlerinage, toutes ces tribus observent entre elles une trêve et se retrouvent à La Mecque pour vénérer leurs divinités, échanger des informations et des biens, négocier ou renégocier des alliances.

Les chroniqueurs s'accordent à reconnaître aux grandes tribus peuplant le centre de la Péninsule un farouche esprit d'indépendance. C'est ainsi qu'elles ont pu repousser les pressions concurrentes des deux empires limitrophes, la Perse et Byzance, dont chacun visait à intégrer leurs territoires à sa zone d'influence. On raconte qu'Alexandre de Macédoine, en route pour la Perse, avait projeté d'occuper le centre de l'Arabie, et qu'il avait dû y renoncer.

Le même esprit d'indépendance conduit ces tribus, polythéistes, à résister à l'attrait des religions juive et chrétienne. Quoique fortement minoritaires, celles-ci ont pris racine dans quelques villes, Yathrib et Khaybar pour la première et Najrân pour la seconde. Les Arabes s'y arrêtent, chaque fois qu'ils empruntent les routes commerciales reliant La Mecque à Damas vers le nord ou La Mecque au Yémen vers le sud. Ils ne manquent pas de débattre avec les juifs comme avec les chrétiens. Mais les conversions restent rarissimes.

Pourtant, parmi les polythéistes, certains esprits montrent à cette époque un réel intérêt pour le monothéisme. Ils cherchent une vision unifiée des choses de ce monde et de l'au-delà, mais ne parviennent pas à en formuler les principes. Ils se refusent cependant à adopter ceux que proposent les juifs ou les chrétiens, parce que leurs Livres sont tissés de références trop étrangères à la culture arabe et parce que les premiers sont les protégés de la Perse et les seconds les protégés de Byzance.

A en croire les chroniqueurs, une rumeur se répand mystérieusement, à la fin du VIe siècle, annonçant l'apparition imminente d'un prophète arabe. Un illustre poète espère en vain être celui-là. Plusieurs individus, apparentés à différentes tribus polythéistes, prétendent être inspirés par un dieu unique...

LES DÉBUTS DE LA RÉVÉLATION

Muhammad ibn ʻAbd Allâh ibn ʻAbd al-Muttalib naît à La Mecque, en l'an 570 de l'ère chrétienne, dans le clan prestigieux mais appauvri des Banû ʻAbd al-Muttalib, gardiens traditionnels du sanctuaire de la Kaʻba.

Il grandit orphelin, son père étant mort peu avant sa naissance, et sa mère alors qu'il a six ans. Il est d'abord pris en charge par son grand-père, puis, à la mort de celui-ci, par l'aîné de ses oncles paternels. Il connaît une enfance et une adolescence sans doute marquées par la gêne matérielle.

Sur les quarante premières années de sa vie, on sait peu de chose. Et l'essentiel de ce qu'on sait tient à ce qu'il en a lui-même raconté, plus tard, à ses compagnons.

Muhammad a des dispositions spirituelles qui l'inclinent en certaines saisons à des retraites solitaires. Il a aussi une curiosité intellectuelle précoce, qui le conduit à rechercher et à interroger les dépositaires du savoir, notamment chrétiens, qu'il rencontre surtout lors de périples caravaniers. On lui reconnaît une droiture et une probité peu communes, qui font que les gens lui accordent naturellement leur confiance.

Il a vingt-cinq ans lorsqu'il est remarqué par une riche commerçante, de quinze ans plus âgée que lui et déjà veuve, Khadîja, qui lui fait savoir qu'il peut demander sa main. Elle restera jusqu'à sa mort sa seule épouse et lui apportera un soutien et un réconfort constants, dans les épreuves qu'il est appelé à affronter.

Aux environs de l'an 610, alors que Muhammad médite dans une grotte située, selon l'une des traditions, sur la colline de Hirâ', non loin de La Mecque, il est visité. Il apprend que Dieu l'a choisi comme Son dernier Messager. Par la suite, et tout au long de sa vie, Muhammad continuera de recevoir par intermittence la Parole de Dieu.

La Révélation est constamment vécue par le Prophète comme une manifestation de l'Absolu, comme une volonté extérieure à sa conscience et qui s'impose à elle avec la force d'une évidence contraignante.

Sur les circonstances dans lesquelles elle a commencé à se manifester, les traditions comportent plusieurs variantes.

Gabriel est venu à moi pendant que je dormais. Il tenait une pièce de brocart contenant un écrit et me dit :

— Lis.

Je dis :

— Je ne sais lire. Je n'ai jamais lu et ne sais le faire. Je n'écris ni ne lis.

Il me serra très fort, au point que je crus la mort venue, puis il me lâcha et me dit :

— Lis.

Je dis :

— Quoi lire? Je ne vois rien à lire et ne lis ni n'écris.

Je ne parlai ainsi que pour éviter qu'il ne m'inflige une deuxième fois ce qu'il venait de m'infliger. Alors il dit :

— Lis, au nom de ton Seigneur qui a créé l'homme d'un caillot. Lis. Ton Seigneur est le Très-Généreux, qui, avec le calame, a enseigné à l'homme ce qu'il ne savait pas.

Je lus après lui et il finit par me quitter.

Je me réveillai en sursaut. C'était comme si ses paroles avaient été inscrites dans mon cœur (...).

De toutes les créatures de Dieu, aucune ne m'est plus odieuse que le poète ou le possédé. Je ne supporte même pas la vue de l'un ou l'autre. Je me dis : « Muhammad ibn 'Abd Allâh serait-il devenu un poète ou un possédé ? Non, on ne me prendra jamais pour l'un ou l'autre. J'irai plutôt me jeter d'une hauteur. Je me tuerai et je serai délivré. »

Je sortis dans l'intention de le faire mais, parvenu à mi-chemin, j'entendis une voix venant du ciel qui me disait :

— O Muhammad, tu es le Messager de Dieu et je suis Gabriel.

Je levai la tête vers le ciel et vis Gabriel, sous la forme d'un homme dont les pieds barraient l'horizon, qui me disait :

— O Muhammad, tu es le Messager de Dieu et je suis Gabriel.

Je m'arrêtai pour le regarder, oubliant ce que j'avais résolu de faire, n'avançant ni ne reculant. Puis je tentai de détourner mon visage de lui, mais quelle que fût la direction dans laquelle j'orientais mon regard, je ne cessais de le voir, couvrant l'horizon. Alors je demeurai immobile à ma place, sans avancer ni reculer – et cela pendant si longtemps que Khadîja envoya à ma recherche des gens qui allèrent jusqu'à La Mecque et en revinrent, tandis que je demeurais immobile à ma place.

Puis Gabriel me quitta et je redescendis vers les miens.

(XCVI, 1-5) (Ibn Ishâq, t. I, p.119)

Le Messager de Dieu se trouvait sur la colline d'Ajyâd, lorsqu'il vit, à l'horizon du ciel, un ange assis une jambe sur l'autre, qui s'écria :

— O Muhammad, je suis Gabriel ! O Muhammad, je suis Gabriel.

Le Messager de Dieu fut pris de panique. Il ne cessait de le voir chaque fois qu'il levait les yeux vers le ciel. Il revint précipitamment vers Khadîja, la mit au courant et dit :

— O Khadîja, par Dieu, il n'y a rien que je déteste plus que je ne déteste ces idoles et ces devins... Je vois de la lumière, j'entends des sons... Je crains d'être devenu l'un de ces devins ou d'être possédé par un djinn...

(Ibn Sa'd, t. I, p.165)

'A'isha, devenue l'une des épouses du Prophète après la mort de Khadîja, fait remonter plus loin le commencement des choses :

Les premiers signes de la Révélation furent pour le Messager de Dieu des visions véridiques. Elles venaient à lui comme la première lueur du matin. Et Dieu lui fit aimer la solitude. Il s'isolait dans la grotte de Hirâ'. Il y méditait durant un certain nombre de nuits, puis, après être rentré chez les siens, emportait des provisions et repartait pour la grotte. C'est là qu'il fut surpris par la Vérité, qui lui dit :

— O Muhammad, tu es le Messager de Dieu.

Le Messager de Dieu raconte la suite :

Je tombai sur mes genoux, puis me traînai tout tremblant jusqu'à Khadîja et dis :

— Couvre-moi, couvre-moi !

La peur finit par me quitter. Alors « il » revint et dit :

— O Muhammad, tu es le Messager de Dieu.

Je songeai à me jeter du haut d'une colline. Dès que cette pensée me vint, il m'apparut et dit :

— O Muhammad, je suis Gabriel et tu es le Messager de Dieu.

Puis il dit :

— Lis !

Je répondis :

— Je ne lis pas.

Il me serra trois fois contre lui, jusqu'à m'épuiser. Puis il dit :

— Lis, au nom de ton Seigneur qui a créé, qui a créé l'homme d'un caillot.

(Al-Tabarî, p. 298)

Certains des compagnons du Prophète introduiront plus tard une incertitude, concernant les premiers versets de la Révélation, qui ne commenceraient pas par les mots : **Lis au nom de ton Seigneur...** et ne se situeraient pas dans le contexte décrit ci-dessus.

Selon eux, c'est en rentrant un jour chez lui – et non dans la grotte de Hirâ' – qu'il dit aux siens :

— Couvrez-moi ! Couvrez-moi !

Alors il reçut les versets :

Toi qui es couvert d'un manteau, lève-toi pour avertir ! Glorifie ton Seigneur ! Purifie tes vêtements !

(LXXIV,1-3) (Al-Wâhidî, p. 15) (Al-Mâwardî, p.135)

Sur le moment inaugural de la Révélation, la question n'est donc pas tranchée de savoir s'il se situe à Hirâ' ou à Ajyâd, s'il survient alors que Muhammad est dans son sommeil ou à l'état de veille, si la Parole se fait entendre directement ou par le truchement de Gabriel et dans ce dernier cas, si l'ange s'est manifesté sous une forme visible ou seulement audible.

Par la suite, Gabriel viendra en tout cas visiter le Prophète, en de nombreuses occasions, sous une forme visible de lui seul ou, dans de rares cas, aux yeux de tous, mais empruntant alors des traits humains.

Cependant, la Révélation n'a le plus souvent pas besoin du truchement de Gabriel ; elle se manifeste aussi en son absence. Elle frappe alors directement l'esprit du Prophète, sans passer par un intermédiaire et sans prendre la forme d'un message verbal.

Al-Hârith ibn Hishâm, compagnon du Prophète, demanda un jour à ce dernier, vers la fin de sa vie, comment il recevait la Révélation. Il reçut cette réponse :

— Elle me vient parfois comme le tintement d'une cloche, qui atteint sa force la plus pénible, puis s'atténue lorsque j'en ai saisi le sens. Et parfois l'ange prend forme humaine, il me parle et je saisis le sens de ce qu'il dit.

En une autre occasion, le Prophète dit :

— La Révélation me parvient de deux manières. Soit elle est portée par Gabriel, qui me la transmet comme un homme parle à un homme. Et cela peut m'échapper. Soit elle me parvient dans quelque chose comme le son d'une cloche, qui pénètre mon cœur. C'est cela qui ne m'échappe pas.

(Ibn Sa'd, p. 167)

Si les deux *Hadîths* s'accordent sur le double cheminement de la Révélation, le second ajoute donc une notation de grande portée : la forme non verbalisée de la transmission, celle qui, comme le tintement d'une cloche, pénètre directement le cœur du Prophète, est celle qui reste gravée dans sa mémoire.

★

Peu après l'annonce faite à Muhammad, la Révélation s'arrête. L'interruption est si longue que le Prophète s'en inquiète, se demande tantôt s'il n'a pas été la proie d'une hallucination, tantôt si Dieu ne lui en veut pas d'avoir eu peur ou pensé à se donner la mort.

Khadîja finit par dire à son époux :

— On dirait que ton Dieu t'a abandonné!

Alors la Révélation reprend et Dieu rassure son Prophète en écartant la supposition de Khadîja :

Ton Seigneur ne t'abandonne pas et ne te hait pas.

(XCIII, 1) (Al-Wâhidî, p. 481)

La Parole de Dieu est révélée au Prophète sous forme de versets (paragraphes), de longueur inégale, qui seront plus tard regroupés en sourates (chapitres). En arabe, on dit littéralement que la Révélation « descend », ou que Dieu « fait descendre » la Révélation, sur le Prophète.

Ce dernier commencera par réciter les versets qu'il reçoit à un petit nombre d'intimes, à commencer par son épouse Khadîja, son cousin 'Alî, son fils adoptif Zayd et son ami Abû Bakr. Mais il recommande à tous ceux qui embrassent la nouvelle foi de la garder provisoirement secrète. Sachant combien elle est étrangère aux croyances et aux coutumes des Mecquois, il attend pour la proclamer au grand jour que les musulmans autour de lui soient devenus assez nombreux.

Mais Dieu enjoint à Muhammad de briser le silence :

Avertis tes proches ! (XXVI, 214)

Le Prophète comprend par là qu'il doit ouvertement appeler les gens de son clan à la religion de Dieu. Il ne se résout pas à le faire et va même jusqu'à cesser de sortir de chez lui pendant un mois. Alors Dieu revient à la charge, menaçant.

Selon 'Alî ibn Abû Tâlib :

Lorsque fut révélé au Prophète le verset : « Avertis tes proches ! », il me dit :

— 'Alî, Dieu m'a commandé d'avertir mes proches. Cela m'a contrarié, car je sais que, si je les presse, ils agiront de manière détestable. J'ai feint de ne pas entendre, mais Gabriel est venu me dire : « Muhammad, si tu ne fais pas ce qui t'a été ordonné, Dieu te châtiera ! »

A son corps défendant, le Prophète s'exécute. Il réunit chez lui les hommes de son clan, auxquels il annonce :

— ... *Par Dieu qui est Unique et sans associé, je suis le Messager de Dieu. Il m'envoie à vous en particulier et aux gens en général... Par Dieu, vous mourrez comme vous dormez et vous ressusciterez comme vous vous réveillez. Vous répondrez de vos actions. Vous trouverez le bien pour le bien que vous avez fait et le mal pour le mal. Ce sera le Paradis éternel ou l'Enfer éternel...*

(Al-Dhahabî, t. I, p. 117)

LE CORAN DANS LE TEMPS DE SON AVÈNEMENT

La révélation du Coran, commencée aux environs de l'an 610 de l'ère chrétienne, a pris fin en l'an 632, avec la mort du Prophète Muhammad. Cette période est divisée en deux sous-périodes, distinctes dans l'espace et dans le temps.

Il y a, d'abord, durant une douzaine d'années, les révélations faites à La Mecque. Puis, à partir de l'an 622, durant dix années, les révélations faites à Yathrib (qui sera baptisée Médine après la mort du Prophète). Cette périodisation est inscrite dans le texte coranique, où tous les versets sont situés soit à La Mecque, soit à Médine.

Si nombre de thèmes coraniques se retrouvent dans les deux périodes, il y a certains thèmes fondamentaux caractéristiques, soit de l'une, soit de l'autre. Cette différence découle de la différence des contextes.

Au cours de la période mecquoise, en effet, les croyants sont très peu nombreux. Leur nombre total ne dépasse pas la centaine. Unis par la foi qui les habite, ils ne constituent pas pour autant, dans le quotidien, une communauté séparée. Ils continuent de vivre individuellement au sein de leurs clans, dans leurs familles respectives, alors même qu'ils s'y trouvent de plus en plus mal à l'aise et mal tolérés.

La Parole que leur transmet le Prophète, et qui les soude autour de lui, est alors centrée sur les grands principes – métaphysiques, eschatologiques, rituels – de la nouvelle religion. C'est-à-dire sur le rapport vertical qui unit le croyant à Dieu.

Dieu est unique, tout-puissant et miséricordieux. Muhammad est Son Messager.

Les humains sont appelés, au cours de leur existence terrestre, à témoigner de l'unicité de Dieu, de l'unité de Sa création et de la finalité de la vie, qui est de revenir à Dieu d'où elle provient.

De chacun de leurs actes, ils sont personnellement responsables devant Dieu, à qui ils rendront compte lors du Jugement dernier, où ils seront individuellement récompensés, ou châtiés, pour l'éternité.

Tant qu'ils sont à La Mecque, les musulmans, disséminés au milieu des leurs, n'affrontent pas encore les problèmes d'une collectivité distincte et autonome.

C'est à Yathrib, à partir de 622, année de l'Hégire (de *Hijra,* émigration), qu'ils commencent à constituer une communauté de foi et de vie, où l'inspiration spirituelle se projette dans des formes d'organisation terrestres.

Les *Muhâjirûn* (ou Emigrants, qui viennent de La Mecque), les *Ansârs* (ou Partisans, habitants de Yathrib qui les accueillent chez eux) et les nouveaux arrivants qui les rejoignent peu à peu de toutes les tribus d'Arabie, forment une cité plurielle, où se côtoient les différences claniques et les disparités sociales. Ils doivent apprendre un nouveau vivre ensemble, donnant la primauté au religieux sur l'ancestral, à la piété individuelle sur les allégeances claniques. Ils doivent aussi apprendre à se définir, en tant que musulmans, face aux autres religions et bientôt à se battre contre les coalitions tribales qui les menacent de l'extérieur.

Ils attendent que Dieu leur apprenne à vivre, entre eux et face aux autres. Qu'il guide leurs pas sur la terre. C'est-à-dire dans les rapports horizontaux qui gouvernent les humains entre eux.

Pourquoi le Coran n'a-t-il pas traité de ces questions à La Mecque ? Pourquoi ne commence-t-il à en traiter qu'à Yathrib ?

Parce que ces questions ne se posaient pas encore à La Mecque. Parce qu'elles n'ont commencé à se poser qu'à Yathrib.

Avant de déployer, un à un, les principaux thèmes reflétant ce lien entre le texte et son contexte historique, il nous faut d'abord évoquer un cadre temporel plus vaste, englobant et situant l'avènement du Coran lui-même : le temps de la Création.

LE CORAN DANS LE TEMPS DE LA CRÉATION

A travers de nombreux versets, notamment ceux que Dieu consacre aux faits et gestes des prophètes qui ont précédé Muhammad sur la terre, se dévoile un récit coranique. Il exprime l'unité et la cohérence du Dessein que Dieu poursuit dans Sa Création. Celle-ci progresse, par cycles, de la Genèse au Jugement dernier, pour déboucher sur la Vie éternelle. Au long de ce parcours, d'une époque à l'autre, Dieu envoie aux humains un prophète, chargé de leur porter Sa Parole, parfois à travers un Livre. Muhammad est le dernier de ces prophètes et le Coran, le dernier de ces Livres.

Ayant décrété la Création, étalée sur six jours, Dieu y manifeste Sa Toute-Puissance :

Dieu est votre Seigneur, qui a créé les cieux et la

terre en six jours, puis s'est rassis sur Son Trône, gouvernant toute chose... (X, 3)

Le premier des humains est apparu à la fin du sixième jour :

Ton Seigneur dit aux anges : Je crée un humain d'une argile de boue malléable. Lorsque Je l'aurai façonné et que Je lui aurai insufflé de Mon Esprit, tombez prosternés. (XV, 28-30)

Le Coran appelle les humains à reconnaître les Signes que Dieu a semés à leur intention, sur leur parcours terrestre, pour les guider sur la voie qui les reconduit vers Lui. Car tout vient de Lui et tout ramène à Lui :

C'est à Dieu que nous sommes et à Lui que nous revenons... (II, 156)

Dans ces Signes, les humains sont appelés à reconnaître Son unicité, Sa grandeur et Sa miséricorde :

Dans la création des cieux et de la terre, dans l'alternance des jours et des nuits, dans le navire qui vogue sur la mer, chargé de choses profitables, dans l'eau que Dieu fait descendre du ciel, pour rendre la vie à la terre lorsqu'elle est morte... dans le déploiement des vents, dans la course des nuages entre le ciel et la terre, il y a des Signes pour les gens qui raisonnent... (II, 164)

Mais les humains sont constamment tentés par le mal.

C'est ainsi que, d'une contrée à l'autre, d'une époque à l'autre, ils finissent par oublier Dieu. Ce qui s'exprime toujours par une forme ou une autre d'adoration des idoles.

Dieu sévit, sanctionne, punit. Mais plus souvent, Il pardonne.

Dieu est Celui qui revient sans cesse vers le pécheur repentant. Il est miséricordieux... (XLIX, 12)

Alors, de loin en loin, Il offre aux humains une chance exceptionnelle de salut, Il leur envoie un nouveau prophète, porteur de Son Message, toujours le même sous des formes, et dans des langues, différentes. Ce message est celui de la « religion vraie », de l'« abandonnement à Dieu », qui se dit en arabe *islam*. En ce sens, tous les prophètes de Dieu sont des *musulmans*.

Certains d'entre eux ont été porteurs de Livres. Ces Livres sont, sous des formes différentes, le même Livre – dont l'essence sans forme est celle que le Coran désigne comme *Umm al-Kitâb*, l'Archétype, le Livre originel :

Chaque époque a eu son Livre. Dieu efface ou confirme ce qu'Il veut. Il a auprès de Lui le Livre originel. (XIII, 38-39)

Abraham, Moïse et Jésus sont parmi les plus grands des prophètes. Ils ont mené à bien leur mission. Mais après leur mort, le Message dont ils étaient porteurs a été trahi et les Livres révélés aux deux derniers ont été altérés. Alors Dieu décide d'envoyer Muhammad, qui sera Son ultime Messager, porteur du Livre sous sa forme dernière.

Ce Livre que Nous révélons est béni et confirme ce qui était avant lui... (VI, 92)

[A noter : la continuité de sens entre les Signes que Dieu sème dans le monde pour dévoiler aux humains Sa Présence et les Signes dont il parsème le Livre où Il leur révèle Sa Parole : le même mot arabe, *âya*, désigne les signes divins et les versets coraniques.]

Le récit coranique révèle une succession d'événements surnaturels et exceptionnels, scandant le Dessein de Dieu : le retour cyclique de prophètes, chargés de rappeler Sa Parole à des humains qui ne cessent de l'oublier.

Ce récit interdit de ramener le Coran à un collage de vérités simultanées, délestées de toute implication chronologique, à lire dans n'importe quel ordre. Certains événements se situent avant d'autres – la Torah précède l'Evangile, qui précède à son tour le Coran –

et certaines figures prophétiques apparaissent avant d'autres – Abraham, Moïse, Jésus, Muhammad se succèdent dans cet ordre.

A travers cette succession d'événements surnaturels, le récit coranique met en évidence, à l'échelle du Dessein global de la Création, la notion centrale que l'on retrouve à l'échelle des vingt-deux années de la Révélation du Coran lui-même : Dieu intervient directement dans le temps, chaque fois qu'Il le juge nécessaire, en créant un événement surnaturel et exceptionnel : la révélation de Sa Parole à un prophète chargé d'offrir aux humains une nouvelle chance de salut.

TEXTE ET CONTEXTE

Le Coran, disions-nous plus haut, se révèle à qui aborde le texte, sans idée préconçue, et fait l'effort de le comprendre en le rapportant au contexte de son avènement.

Dans cet esprit, nous présentons plusieurs séries de versets, ordonnées autour des grands défis que le Prophète et ses compagnons ont dû affronter – et à propos desquels Dieu est intervenu pour leur révéler la voie à suivre.

Les versets sont précédés de propos du Prophète, ou de témoignages de ses compagnons, sans lesquels le sens des versets serait souvent difficile à saisir, parfois même incompréhensible. Propos et témoignages étant tirés des principaux livres d'exégèse traitant des circonstances de la Révélation, quelques mots sont nécessaires sur l'historique de ces livres.

★

L'Arabie au début du VIIe siècle est une société de tradition orale. La Mecque à cette époque n'aurait pas compté plus de vingt personnes sachant lire et écrire. Le Prophète n'ayant lui-même laissé aucun écrit, les diverses circonstances dans lesquelles il a eu la révélation des versets du Coran ne nous sont connues que par les récits de ses contemporains. Ces derniers rapportant alors, aussi bien les propos tenus par le Prophète que les événements dont ils furent eux-mêmes témoins.

L'un des proches compagnons du Prophète, 'Abd Allâh ibn Mas'ûd, s'est cru autorisé à dire :

... *Il n'est pas une seule sourate du Livre de Dieu, dont je ne sache où elle a été révélée, pas un seul verset du Livre de Dieu, dont je ne sache à quel propos il a été révélé...*

(cité par Al-Bukhârî, Hadîth 5002, p. 608)

Cependant les différents témoignages sont loin de se recouper rigoureusement. Ils comportent des variantes plus ou moins éloignées les unes des autres. Ils sont parfois contradictoires, car il arrive que tel compagnon du

Prophète se souvienne d'un événement, auquel il associe la descente de versets que d'autres rattachent à un événement antérieur ou postérieur.

Lorsque la mémoire repose sur des témoignages tardifs, ou de seconde main, il arrive même, pour certains versets, que l'on ne sache plus avec certitude s'ils appartiennent à la période mecquoise (les douze premières années de la Révélation), ou à la période médinoise (les dix dernières années).

De plus, ces témoignages n'ont été que tardivement consignés par écrit. Ils ont d'abord été transmis de bouche à oreille, puis retransmis d'une génération à l'autre, et transcrits par fragments sur des matériaux de fortune, avant d'être enfin rassemblés et transcrits sur papier à partir du IXe siècle, c'est-à-dire près de deux siècles après la fin de la Révélation.

Ils auront été collectés, triés, vérifiés, grâce au patient labeur des traditionnistes (travaillant plus spécialement sur les *Hadîths*, ou Propos du Prophète) et des chroniqueurs (travaillant sur la *Sîra*, témoignages des compagnons). Les uns et les autres auront consacré des dizaines d'années à reprendre à rebours les chaînes de transmission remontant, pas à pas, jusqu'aux témoins directs.

La fidélité des notations ainsi rapportées a nécessairement pâti de la longueur du temps écoulé, des conditions techniques de la transmission, parfois des partis pris religieux ou politiques des transmetteurs. Du point de vue historique, nombre de questions restent donc posées.

Les ouvrages des traditionnistes et des chroniqueurs ont cependant l'immense mérite d'exister, puisqu'ils sont seuls à nous relier de quelque manière à l'époque des commencements de l'islam, quitte à exiger du chercheur en histoire un patient travail de recoupement, de comparaison, d'approximation.

Mais ce qu'il importe surtout de souligner, du point de vue proprement religieux qui nous occupe ici, c'est que l'exégèse coranique n'a pu se déployer qu'en s'appuyant sur ces propos et témoignages. Cela est si vrai que certains versets, n'ayant pu être éclairés par aucun témoignage, demeurent jusqu'aujourd'hui difficiles à pénétrer. Ce qui a fait dire à certains exégètes que Dieu seul comprend le sens de l'ensemble de Ses versets.

Si tous les travaux d'exégèse font le lien entre les versets et les circonstances de leur « descente », le premier ouvrage qui soit spécifiquement et exclusivement consacré à ce lien est dû, au XIe siècle, à la plume d'Al-Wâhidî, sous le titre : *Asbâb al-Nuzul* (Circonstances de la « descente » du Coran).

Tous les livres consacrés à cet aspect particulier de l'exégèse ont par la suite été désignés d'après ce titre. Parmi les auteurs les plus célèbres, citons Al-Dahhâk, Muqâtil, Ibn Ishâq, Al-Wâqidî, Ibn Sa'd, Al-Tabarî et Al-Balâdhurî. C'est à l'ensemble de ces travaux, et non au seul livre d'Al-Wâhidî, que nous nous référons en citant dans ses pages les *Asbâb al-Nuzul.*

Le lecteur d'aujourd'hui dispose donc de nombre d'ouvrages clés, lui ouvrant de multiples champs de recherche et de réflexion.

Dans les pages qui suivent, nos choix sont donnés à titre d'exemple, pour mettre en lumière le lien, à la fois vivant et multiple, que le texte coranique entretient avec le contexte de sa révélation.

DIEU RÉPOND AUX ARGUMENTS DES POLYTHÉISTES

Entendant le Message que leur transmet le Prophète, les Mecquois sont abasourdis.

Ils n'ont pas de vision métaphysique ou eschatologique. Ils vivent dans un monde que cernent de toutes parts des forces obscures et chaotiques, avec pour seuls repères dans le temps les faits et gestes mythiques de leurs ancêtres, et pour seules figures protectrices les idoles de pierre où se reconnaissent leurs tribus respectives.

La notion d'un Dieu unique et tout-puissant, ordonnateur des choses de ce monde, à qui chacun est appelé à rendre personnellement compte de ses actes, leur apparaît comme une bizarrerie dérangeante.

Mais si la plupart des Mecquois rejettent ce message, ils ne le combattront pas tout de suite.

Paradoxalement, durant un premier temps, la structure clanique de la société, que l'islam vient pourtant remettre en question, servira même de bouclier protecteur au Prophète.

En effet, tant que son oncle paternel, Abû Tâlib, chef du clan des Banû Hâshim, qui a élevé Muhammad enfant, étendra sa protection sur lui, tous les membres de ce clan le défendront comme un seul homme et les autres clans sauront qu'en s'attaquant à lui, ils s'attaquent à l'ensemble du clan ainsi qu'à ses éventuels alliés.

Pour mesurer toute l'importance de ce lien clanique, il faut noter qu'Abû Tâlib offre cette protection à son neveu, alors que lui-même et la grande majorité des membres de son clan restent fidèles au paganisme de leurs ancêtres et peu réceptifs au message de l'islam.

Les Mecquois des autres clans commencent par se moquer de Muhammad, ou par le questionner ironiquement. Ils ne lui témoigneront une franche hostilité que lorsqu'il s'en prendra directement au culte de leurs ancêtres et de leurs idoles. Enfin, ils iront jusqu'à le combattre, lorsque son oncle mourra – la protection du clan des Banû Hâshim cessant alors d'être acquise au Prophète.

Ayant longtemps été l'objet d'une estime et d'un respect unanimes, Muhammad sera très peiné par la désaffection croissante qui l'entoure.

Quelques Mecquois vinrent dire au Prophète :

— C'est pour ton malheur que tu renies notre religion !

Dieu révéla alors :

Non, Nous n'avons pas fait descendre sur toi le Coran pour ton malheur, mais comme un rappel à qui craint Dieu, comme une Révélation de Celui qui a créé la Terre et l'Empyrée.

(XX, 2-4) (Al-Zamakhsharî, p. 650 et Al-Wâhidî, p. 312)

Des Mecquois vinrent dire au Messager de Dieu :

— Décris-nous ton Dieu. Dis-nous. De quoi est-il fait ? De quel métal ? D'or, de cuivre, d'argent ? Mange-t-il, boit-il ? De qui a-t-il hérité le monde ? A qui va-t-il le léguer ?

Dieu révéla cette réplique :

Dis : Il est Dieu l'Unique, Dieu qui est par Lui-même, qui n'engendre pas, qui n'est pas engendré et de Qui nul n'est l'égal.

(CXII, 1-4) (Al-Wâhidî, p. 501)

Ces Mecquois dirent encore :

— Pourquoi ce Livre n'a-t-il pas été révélé d'une traite, en une seule fois, comme les autres Livres?

A la suite de quoi Dieu révéla :

Les incroyants ont dit : Si seulement le Coran lui avait été révélé d'une seule traite ! Or Nous l'avons ainsi révélé pour que ton cœur en soit affermi. Et nous l'avons scandé mot à mot.

(XXV, 32) (Al-Zamakhsharî, p. 745)

Verset capital, qui souligne la descente du Coran dans la durée et s'en explique par le souci qu'a Dieu d'affermir le cœur de Muhammad, ce dernier étant considéré dans son humanité, soumise aux lois de la progression dans le temps.

Le refus agacé que les Mecquois opposaient au Coran était cruellement ressenti par le Prophète, qui avait l'habitude jusque-là d'être cru par les siens sur parole. Son pire ennemi, Abû Jahl [chef d'un clan rival], *lui dit :*

— Ce n'est pas toi que nous démentons, car nous te savons sincère, ce sont les paroles que tu nous récites!

A quoi Dieu réplique :

Oui, nous savons que ce qu'ils disent t'attriste, mais ce n'est pas toi qu'ils démentent, ce sont les signes de Dieu que ces incroyants récusent !

(VI, 33) (Al-Zamakhsharî, p. 325)

Le Prophète ayant reçu des menaces [de la part de différents clans opposés au sien], *son oncle Abû Tâlib craignit pour sa vie. Il décida de le protéger en le faisant accompagner dans tous ses déplacements par des hommes de leur clan, les Banû Hâshim.* [Ce qui eut pour conséquence de limiter les déplacements du Prophète.]

Dieu intervint alors pour y mettre fin :

C'est Dieu qui se charge de te protéger des hommes...

Le Prophète récusa la protection offerte par son oncle, disant :

— Mon oncle, Dieu tout-puissant me protège des hommes comme des djinns.

(V, 67) (Al-Wâhidî, p. 205)

Lorsque l'oncle du Prophète, Abû Tâlib, tomba gravement malade, certains seigneurs appartenant à des clans rivaux y virent une occasion de semer la mésentente entre l'once et le neveu. Ils dirent à Abû Tâlib :

— Demande donc à Muhammad de te faire parvenir, de ce Paradis dont il parle tant, quelque chose qui puisse guérir ton mal.

Abû Tâlib envoya l'un d'eux chercher le Messager de Dieu, qui se trouvait à la Mosquée avec Abû Bakr. L'homme dit :

— O Muhammad, ton oncle te transmet ceci : Je suis vieux, faible et malade. Fais-moi parvenir de ce Paradis dont tu parles, quelque nourriture ou quelque boisson qui m'apporte la guérison.

Abû Bakr intervint :

— Le Tout-Puissant a interdit cette nourriture aux infidèles.

L'homme revint vers Abû Tâlib et dit :

— J'ai transmis ton message à Muhammad. Il n'a prononcé aucune parole, mais Abû Bakr, qui était à ses côtés, a prononcé celles-ci : Le Tout-Puissant a interdit cette nourriture aux infidèles.

Abû Tâlib dépêcha un autre homme, porteur du même message, auprès du Messager de Dieu, qui, cette fois, répondit lui-même :

— Dieu a interdit aux infidèles toute nourriture ou boisson venant du Paradis.

Puis le Messager de Dieu décida d'aller voir Abû Tâlib. Il s'assit près de lui et dit :

— Mon oncle, puisses-tu être récompensé pour tout ce que tu as fait en ma faveur. Tu m'as élevé puis tu m'as protégé. Veuille dire une parole, une seule, afin que je puisse plaider ta cause auprès de Dieu au Jour du Jugement.

— Quelle est cette parole, neveu ?

— Dis : Il n'y a de dieu que Dieu, qui n'a pas d'associé.

— Tu as toujours été pour moi de bon conseil. Par Dieu, si je ne craignais que Quraysh [la coalition tribale la plus puissante de La Mecque] *n'aille dire que j'ai tremblé devant la mort, je ferais cela pour toi !*

Ses proches s'écrièrent :

— O Abû Tâlib, tu es l'aîné dans la religion de nos ancêtres...

Alors Abû Tâlib dit à son neveu :

— Il ne faut pas que les femmes de Quraysh puissent dire que ton oncle a tremblé devant la mort !

Le Messager de Dieu répondit :

— Je ne cesserai de demander pour toi le pardon de Dieu, à moins qu'il ne m'interdise de le faire.

Puis Abû Tâlib mourut et le Messager de Dieu implora le Tout-Puissant de pardonner à son oncle [dont la protection et le soutien avaient été si décisifs pour la survie de la petite communauté musulmane à ses débuts.] *Les musulmans se dirent alors :*

— Qu'est-ce qui nous empêche à notre tour d'implorer le pardon de Dieu pour nos propres parents ? Abraham l'a fait pour son père et Muhammad le fait pour son oncle...

Ils se mirent à implorer le pardon de Dieu pour leurs ancêtres, morts, comme Abû Tâlib, sans embrasser l'islam.

Alors Dieu révéla :

Il n'appartient ni au Prophète ni aux croyants de demander à Dieu le pardon des adorateurs d'idoles – fussent-ils leurs proches – sachant que ces gens seront les hôtes de l'Enfer.

(IX, 113) (Al-Wâhidî, p. 266)

Les polythéistes tentèrent une nouvelle manœuvre contre le Prophète. Ce dernier présentant le Coran comme un Livre de Dieu, révélé dans le prolongement de la Torah et de l'Evangile, certains de ses ennemis mecquois pensèrent avoir recours aux juifs de Yathrib, pour aiguiser de nouveaux arguments contre lui.

Ils se dirent :

— Pourquoi deux d'entre nous n'iraient-ils pas à Yathrib demander aux savants juifs ce qu'ils pensent de Muhammad et de ses prétentions ?

Ils chargèrent de cette mission deux envoyés en leur disant :

— Décrivez Muhammad aux savants juifs, citez-leur ses paroles et interrogez-les. Ils ont sur les prophètes des connaissances que nous n'avons pas.

Lorsque les deux envoyés arrivèrent à Yathrib, ils dirent aux savants juifs :

— Vous êtes des gens de la Torah, nous voudrions savoir ce que vous pensez de cet homme et de son affaire.

Les savants juifs répondirent :

— Posez-lui trois questions. Interrogez-le d'abord sur l'aventure vécue par un groupe de jeunes disparus au commencement des temps, une aventure surprenante. Interrogez-le ensuite sur un voyageur qui a parcouru la Terre depuis son orient jusqu'à son occident. Qu'il vous dise qui il est et quel est son statut. Interrogez-le enfin sur l'Esprit. Qu'il vous dise ce que c'est. S'il répond à ces trois questions, suivez-le. C'est un prophète, un messager de Dieu. S'il ne répond pas, c'est un imposteur. Ce sera à vous de décider de son sort.

Les gens de Quraysh allèrent poser ces trois questions au Messager de Dieu, qui leur dit :

— Je vous répondrai demain.

Mais il omit de dire : « Si Dieu veut. »

Aussi il resta chez lui quinze nuits, sans que Dieu lui fît une révélation ni que Gabriel vînt le voir. Le Messager de Dieu en fut d'autant plus peiné que les Qurayshites commencèrent à s'impatienter et à dire : Il nous a dit demain et voici quinze jours qu'il s'abstient de répondre à nos questions !

Puis Gabriel lui apparut. Le Messager de Dieu lui dit :

— O Gabriel, tu t'es absenté si longtemps que j'ai eu des doutes...

Gabriel lui transmit la Parole de Dieu :

Ne dis jamais d'une chose que tu la feras demain, sans ajouter : Si Dieu le veut.

Puis il lui dicta la réponse de Dieu aux trois questions posées.

[Le groupe de jeunes disparus désigne les « Gens de la Caverne », qui voulurent fuir leur peuple devenu idolâtre, pour pouvoir adorer le Dieu Unique. Ils se réfugièrent dans une caverne, où Dieu les tint endormis pendant trois siècles, avant de les ressusciter pour rappeler, par ce miracle, Sa présence à leur peuple :]

Ils restèrent dans leur caverne trois cents années, augmentées de neuf années...

Nous avons fait en sorte qu'ils soient découverts, afin que les gens comprennent que la promesse de Dieu est vraie et que l'heure est inéluctable...

[Le voyageur qui a parcouru la terre d'est en ouest est Dhû al-Qarnayn, Celui-aux-deux-cornes, qui ne serait autre qu'Alexandre le Grand :]

Ils t'interrogent sur Dhû al-Qarnayn. Dis : Je vous parlerai de lui. Nous avions établi son pouvoir sur la terre et lui avions donné accès à toute chose...

[Sur ce qu'est l'Esprit :]

Ils t'interrogent sur l'Esprit. Dis : L'Esprit procède d'un ordre de mon Seigneur. A vous, il n'est donné qu'une petite part de science...

(XVIII, 23-24) (XVIII, 25) (XVIII, 21) (XVIII, 83-84) (XVII, 85) (Ibn Ishâq, p. 216)

Un soir, après avoir tenu conseil derrière la Ka'ba, certains des seigneurs de Quraysh firent dire à Muhammad :

— Les seigneurs de ton peuple se sont réunis pour te parler. Viens les voir.

Il alla vers eux en espérant qu'ils commençaient à changer d'avis sur l'islam. Mais lorsqu'il s'assit au milieu d'eux, ils lui dirent :

— Neveu, tu es des nôtres. Tu te distingues par ta dignité dans ton clan et ton rang dans le lignage. Et cependant tu causes un grand tort aux gens de ton peuple. Tu as brisé leur unité et décrié leurs songes, tu as médit de leurs dieux et de leur religion, tu as calomnié leurs ancêtres. Si par ton message, tu vises la fortune, nous te donnerons de nos richesses de quoi être le plus riche d'entre nous. Si tu vises le rang, nous ferons de toi notre chef et ne trancherons aucun différend sans ton accord. Si tu vises le trône, nous ferons de toi notre roi. Si enfin tu es impuissant à repousser ces visions qui te viennent des djinns, nous dépenserons ce qu'il faut pour te soigner et te guérir.

Le Messager de Dieu répondit :

— Je n'ai que faire de ce que vous m'offrez. Je ne viens pas à vous cherchant fortune, pouvoir ou royauté. Dieu m'a désigné comme Son Messager auprès de vous. Il m'a révélé Son Livre et m'a ordonné de vous porter de bonnes nouvelles et des avertissements. Je vous ai

transmis le Message de mon Seigneur et je vous ai prodigué mes conseils. Si vous acceptez ce Message, ce sera pour votre bien, ici-bas comme dans l'au-delà. Si vous le rejetez, je n'aurai plus qu'à attendre le décret de Dieu, qui tranchera entre moi et vous.

— Si tu n'acceptes aucune de nos propositions, reconnais que nous sommes dotés du pays le plus défavorisé qui soit, où l'eau est la plus rare et la vie la plus rude. Demande donc à ton Dieu de nous venir en aide, de repousser ces collines qui nous étouffent, d'élargir nos terres, d'y faire jaillir des fleuves comme ceux de Syrie et d'Irak. Demande-lui aussi de faire revenir à la vie quelques-uns de nos ancêtres, et parmi eux notre ancêtre commun, Qusayy, qui était un homme de vérité. Nous les interrogerons sur ton message et nous leur demanderons de nous dire si tu es dans le vrai ou dans l'erreur. Si tu peux accomplir cela et si nos ancêtres te donnent raison, nous saurons dans quelle estime te tient ton Dieu et que tu es vraiment son messager, comme tu dis.

— Dieu ne m'a pas envoyé vers vous à cette fin. Il m'a seulement chargé de vous transmettre Son Message et je vous l'ai transmis.

— Si tu ne peux rien accomplir pour nous, alors accomplis ceci pour toi-même : demande à ton Dieu d'envoyer un ange qui confirme ce que tu dis et qui soit pour nous une référence. Demande-lui aussi de te gratifier de jardins et de palais, de t'envoyer de l'or et de

l'argent, qui t'épargnent l'effort que nous te voyons faire, sur les marchés, pour gagner ta subsistance. Qu'il accomplisse cela et nous saurons le rang qui est le tien chez ton Dieu et que tu es vraiment Son Messager.

— Non, je ne demande rien de tel à mon Seigneur.

— Eh bien, alors, ordonne au ciel de tomber sur nos têtes, puisque tu prétends que ton Dieu peut tout. Nous ne croirons en toi que si nous voyons cela.

— Cela ne tient qu'à la volonté de Dieu. S'il le veut, cela sera.

L'un d'entre eux ajouta :

— Par Dieu, je ne croirai jamais en toi. A moins que tu ne prennes une échelle pour grimper devant moi jusqu'au Ciel, puis en redescendre avec quatre anges qui confirment tout ce que tu nous dis...

Le Prophète les quitta, en proie à une grande tristesse. Il avait voulu croire, en recevant leur invitation, qu'ils commençaient à se rapprocher de lui. Il se rendait compte qu'ils n'avaient cessé de s'éloigner.

Dieu s'adresse alors à lui, en deux temps. Premier temps : Il reprend terme à terme les défis lancés par les Qurayshites :

Ils ont dit : Nous ne croirons pas en toi tant que tu n'auras pas pour nous fait jaillir de la terre une source. Ou que tu ne posséderas pas un jardin de palmiers et de vignes, dans lequel tu feras couler en abondance des ruisseaux. Ou que tu n'auras pas fait

tomber, comme tu nous l'annonces, des pans de Ciel sur nos têtes. Ou que tu n'auras pas fait venir Dieu et Ses anges à ton secours. Ou que tu ne posséderas pas une maison richement décorée. Ou que tu ne monteras pas au ciel. Encore ne croirons-nous à cette montée que si tu nous en rapportes un Livre que nous puissions lire !

Deuxième temps : Dieu dicte à Muhammad la réponse qu'il doit faire.

Réponds : Je ne suis qu'un mortel, un prophète (...). Celui que Dieu guide est bien guidé. Ceux qu'Il égare ne peuvent trouver de recours en dehors de lui. Au Jour de la Résurrection, nous les traînerons sur la face, aveugles, sourds et muets. L'Enfer sera leur demeure, dont la flamme brûlante sera ranimée chaque fois qu'elle s'éteindra.

(XVII, 90-97) (Ibn Ishâq, p. 263)

Ici, Dieu situe Sa Parole au cœur de la conversation entre le Prophète et les Qurayshites.

Il y avait à La Mecque deux esclaves chrétiens, d'origine byzantine, qui lisaient à haute voix des livres écrits dans leur langue. Le Prophète passant par là les écoutait. Il n'en fallut pas plus pour que les polythéistes l'accusent de puiser dans leurs propos ce qu'il présentait comme un Livre à lui révélé.

Dieu fit descendre là-dessus :

Nous savons qu'ils disent : C'est un humain qui l'instruit ! Mais celui auquel ils pensent parle une langue barbare, alors que ce Coran est en claire langue arabe.

(XVI, 103) (Al-Zamakhsharî, p. 584)

Dieu se réfère ici à un événement ponctuel, à des personnes particulières, à un argument précis.

Quelques hommes de Quraysh vinrent dire au Messager de Dieu :

— O Muhammad, tu nous as appris que Moïse avait un bâton, avec lequel il a fendu un rocher pour en faire jaillir douze sources ; et que Jésus a ressuscité les morts ; et que Salih a fait apparaître la chamelle que demandaient les Thamûd. Fais-nous quelques miracles comme ceux-là et nous te croirons !

Le Messager de Dieu leur demanda :

— Quelle sorte de miracle voulez-vous que je fasse ?

— Que le mont al-Safâ se change en or !

— Et si je le fais, me croirez-vous ?

— Oui, par Dieu nous te croirons tous, si tu le fais.

Le Messager de Dieu pria le Très-Haut pour que s'accomplît ce miracle. Gabriel le visita et lui dit :

— Lorsque le Très-Haut ordonne un miracle et qu'à sa suite les gens demeurent incroyants, le châtiment de Dieu est terrible. Il les anéantit. Mieux vaut laisser ces

gens dans l'incroyance, jusqu'à ce que se repentent ceux d'entre eux qui se repentiront.

Le Messager de Dieu dit :

— Qu'ils restent donc dans l'incroyance, jusqu'à ce que se repentent ceux d'entre eux qui se repentiront.

Dieu révéla ici :

Ils ont juré par Dieu avec force serments que, s'il leur venait un signe, ils y croiraient. Réponds : Les signes sont la chose de Dieu. Et qu'est-ce qui vous fait croire que, si de tels signes venaient, ils y croiraient ?

(VI, 109-110) (Ibn Kathîr, t. III, p. 68).

Des hommes de Quraysh dirent au Messager de Dieu :

— Nous avons interrogé à ton propos les juifs de Yathrib. Ils ont dit qu'ils ne te reconnaissaient pas. Trouve quelqu'un pour témoigner que c'est Dieu qui t'envoie à nous comme son Messager.

Dieu révéla cette réplique :

C'est Dieu qui témoigne de ce qu'Il t'a révélé de par Sa science. Les Anges aussi en témoignent. Mais il suffit de Dieu comme témoin.

(IV, 166) (Muqâtil, p. 272)

Ils dirent au Messager de Dieu :

— Nous sommes liés par les liens de la parenté. Dis-nous donc quand doit venir l'Heure.

Dieu révéla la réplique :

Ils t'interrogent au sujet de l'Heure : Quand doit-elle venir ? Réponds : Seul mon Seigneur en a connaissance, Qui la fera éclater à son heure. Elle pèsera lourd dans les cieux comme sur la terre. Et elle surviendra à l'improviste.

(VII, 187) (Al-Wâhidî, p. 300)

Ils dirent au Messager de Dieu :

— Pourquoi ton Seigneur ne te dévoile-t-il pas les prix bas avant qu'ils n'augmentent, afin que tu puisses acheter pour revendre avec profit ? Et pourquoi ne t'indique-t-il pas à l'avance quelle terre il voudra assécher, afin que tu puisses la quitter pour une terre qu'il rendra plus fertile ?

Dieu révéla la réplique :

Réponds : Je ne m'assure à moi-même ni avantage ni dommage, en dehors de ce que Dieu veut. Si j'avais connaissance de l'insondable, j'aurais une abondance de biens et le malheur ne m'atteindrait pas. Mais je ne suis là que pour avertir et pour annoncer, à l'intention de gens qui croient.

(VII, 188) (Al-Wâhidî, p. 232)

Excédés, certains Mecquois dirent :

— Dieu est trop grand pour choisir comme messager un humain tel que Muhammad !

Dieu révéla la réplique :

Nous n'avons envoyé avant toi que des hommes, à qui Nous accordions la Révélation.

(XVI, 43) (Al-Zamakhsharî, p. 573)

DIEU ORDONNE DE COMBATTRE LES POLYTHÉISTES

Au cours de la période mecquoise, les croyants seront soumis à des vexations croissantes de la part de leurs clans respectifs. Près de soixante d'entre eux devront s'exiler en Abyssinie. Le Prophète lui-même se trouvera isolé et affaibli, après la mort de son oncle, qui sera suivie de peu par la mort de son épouse Khadîja. En l'absence de ses deux principaux soutiens, sa vie commencera à être menacée.

Le salut de la petite communauté musulmane viendra de la ville de Yathrib (baptisée Médine après la mort du Prophète).

Deux grandes tribus polythéistes, les Aws et les Khazraj, s'y livrent depuis des lustres une guerre qui les ruine toutes les deux. Leurs chefs se convertissent à l'islam et font alors appel à l'arbitrage de Muhammad. Ils reconnaissent son autorité, dans la mesure où elle n'implique pas la victoire de l'une des deux tribus sur l'autre, mais celle d'une religion qui a justement pour vocation de transcender le principe tribal. Ils proposent à Muhammad de quitter sa ville natale et de venir s'installer chez eux.

Le Prophète organise d'abord « l'exode » de ses compagnons, puis finit par les rejoindre à Yathrib avec son fidèle Abû Bakr. Il devient alors le chef d'une communauté dont le message monothéiste est un défi lancé à toutes les grandes tribus polythéistes de l'Arabie. Or, la logique de la société tribale est implacable. Les conflits qu'elle génère ne peuvent être tranchés, s'ils ne font pas l'objet de compromis négociés, que par la guerre. L'affrontement entre islam et polythéisme ne pouvant faire l'objet de compromis, la guerre s'impose rapidement.

Dieu appelle dès lors les croyants, lorsqu'il le faut, et dans certaines limites, à combattre les infidèles les armes à la main.

Combattez sur le chemin de Dieu ceux qui vous combattent, sans pour autant commettre d'agression, Dieu n'aime pas les agresseurs. Tuez-les là où vous les rencontrerez, chassez-les des lieux d'où ils vous auront chassés. La persécution est pire que le

meurtre. Ne les combattez pas près de la Mosquée Sainte, à moins qu'ils n'y viennent vous combattre. S'ils le font, tuez-les. Telle est la rétribution des incroyants. Mais s'ils s'arrêtent, Dieu leur pardonne, Il est miséricordieux. Combattez-les jusqu'à ce que cesse la persécution et que soit rétabli le culte de Dieu. S'ils s'arrêtent, cessez de combattre, ne combattez que les coupables... (II, 190-193)

Le changement de ton, d'une période à l'autre, est illustré par l'épisode suivant :

Un jour, alors qu'ils se trouvaient encore à La Mecque, avant l'Hégire, plusieurs des compagnons du Prophète lui avaient dit :

— Permets-nous donc de nous défendre contre les infidèles.

Le Prophète leur avait répondu :

— Dieu m'ordonne de pardonner. Ne combattez pas ces gens.

Après l'Hégire, lorsque le Très-Haut ordonna au Prophète de combattre les infidèles, certains de ses compagnons se dédirent et prirent peur. [On retrouve ici la force des solidarités claniques : les musulmans, appelés à combattre les infidèles, ne peuvent oublier que ces derniers sont aussi leurs frères et leurs cousins. D'où leur réticence à les affronter dans un combat à mort.]

Alors le Très-Haut révéla :

N'as-tu pas vu ceux à qui on a dit : Déposez les armes, consacrez-vous à la prière et acquittez l'aumône ? Lorsque par la suite on leur eut ordonné de combattre, certains d'entre eux eurent peur... Ils dirent : Seigneur pourquoi nous ordonnes-Tu le combat ? Ne veux-Tu pas le remettre à plus tard ? Dis : Les joies de cette vie sont peu de chose, la vie dernière est meilleure pour celui qui craint Dieu.

(IV, 77) (Al-Wâhidî, p. 170)

A celui qui combat dans la voie de Dieu, qu'il soit tué ou victorieux, Nous réservons un salaire immense... (IV, 74)

Huit ans après avoir quitté La Mecque, le Prophète y rentrera en vainqueur. Il accordera alors une impunité provisoire aux tribus restées polythéistes – leur reconnaissant même le droit d'accomplir le pèlerinage selon le rite païen. Il s'agit, dans son esprit, de leur donner un temps nécessaire de réflexion, afin qu'elles se rendent compte de la faillite de leurs idoles et qu'elles embrassent l'islam de leur propre chef.

Peu avant la mort du Prophète, c'est cependant Dieu Lui-même qui met fin à ce pacte :

Proclamation faite aux gens par Dieu et Son Messager au jour du Pèlerinage : Dieu désavoue les

polythéistes, comme les désavoue Son Messager. Si vous vous repentez, c'est une bonne chose pour vous. Si vous vous dérobez, sachez que vous ne pouvez réduire Dieu à l'impuissance. Annonce un terrible tourment aux incroyants, à l'exception de ceux des polythéistes avec lesquels vous avez conclu un pacte, qui ne vous ont causé aucun tort et qui n'ont soutenu personne contre vous. Respectez le pacte conclu avec eux jusqu'à son terme, Dieu aime ceux qui s'en remettent à lui. Mais une fois que seront écoulés les mois sacrés, tuez les polythéistes où que vous les trouviez. Capturez-les, assiégez-les, dressez-leur des embuscades. Cependant s'ils se repentent, font leurs prières, s'acquittent de l'aumône, alors laissez-les passer leur chemin, Dieu pardonne et compatit. (IX, 3-5)

DIEU RÉPOND AUX ARGUMENTS DES JUIFS

Installés à Yathrib, le Prophète et ses compagnons mecquois ont été chaleureusement accueillis par les membres des deux grandes tribus de la ville (les Aws et les Khazraj) qui se sont convertis à l'islam. Ils sont moins bien reçus par les membres de ces tribus (et de quelques autres), qui ne se sont pas convertis, ou qui se sont convertis en apparence (les Hypocrites).

Mais le Prophète est surtout confronté à un défi, à la fois religieux et politique, posé par les trois tribus juives de la ville, les Banû Qaynuqâ', les Banû al-Nadîr et les Banû Quraydha. Ces tribus ne le reconnaissent pas comme Messager de Dieu et voient en lui un chef dont le pouvoir naissant est susceptible de remettre en cause le statut et les privilèges qu'elles se sont acquis depuis longtemps.

Riches et bien armées, elles sont cependant divisées entre elles et craignent, en s'attaquant au Prophète, de déclencher une longue guerre avec les seigneurs des Aws et des Khazraj qui ont lié leur sort au sien. Elles acceptent le pacte de bonne entente que leur propose le Prophète, tout en le harcelant de questions destinées à le confondre sur le plan doctrinal.

Dans les réponses que Dieu inspire alors au Prophète, Il situe l'islam dans le prolongement du judaïsme et du christianisme. Il tient les trois religions pour trois expressions de Sa propre Parole. Elles sont dites religions du Livre, en référence au « Livre originel », *Umm al-Kitâb,* que Dieu tient « auprès de Lui » et dont elles émanent toutes les trois.

Dis : Nous croyons en Dieu, à ce qui nous a été révélé, à ce qui a été révélé à Abraham, à Ismaël, à Isaac, à Jacob et aux tribus, à ce qui a été donné à Moïse, à Jésus, aux prophètes, par leur Seigneur. Nous ne faisons pas de différence entre eux. Nous sommes musulmans [les musulmans sont « ceux qui s'en remettent à Dieu »]. (III, 84)

Salmân le Perse avait longtemps voyagé en quête du Dieu d'Abraham. Il avait servi plusieurs prêtres chré-

tiens, dont le dernier d'entre eux lui avait annoncé l'avènement prochain d'un prophète issu d'une tribu arabe. Salmân avait fini par rejoindre le Messager de Dieu à Yathrib pour embrasser l'islam entre ses mains.

Salmân parla au Prophète de ces prêtres et lui loua leurs qualités :

— Messager de Dieu, ils ne cessaient de prier et de jeûner, ils croyaient en toi et annonçaient ta venue prochaine en tant que prophète...

Lorsqu'il eut fini de faire leur éloge, le Messager de Dieu dit :

— O Salmân, ils sont destinés aux flammes de l'Enfer.

Salmân crut voir la terre se couvrir de ténèbres.

Mais le Très-Haut intervint pour indiquer :

Ceux qui ont cru, ceux qui ont suivi le judaïsme, les chrétiens et les sabéens, ceux qui ont cru en Dieu et au Jour Dernier, ceux qui ont fait le bien, ceux-là trouveront leur récompense auprès de leur Seigneur. Qu'ils n'aient ni crainte ni tristesse.

Entendant ce verset, Salmân dit :

— C'est comme si je venais d'être délivré du poids d'une montagne.

(II, 62) (Al-'Asqalânî, p. 90)

Mais les musulmans sont convaincus que les chefs religieux des juifs, comme des chrétiens, ont falsifié les précédents Livres – la Torah et l'Evangile – que Dieu leur avait envoyés, en effaçant notamment de ces textes les passages qui annonçaient l'avènement de Muhammad.

Dieu fait aux gens du Livre le reproche :

Gens du Livre, pourquoi déniez-vous les signes de Dieu, alors que vous en êtes témoins ? Gens du Livre, pourquoi affublez-vous le vrai du faux ? Pourquoi cachez-vous la vérité, alors que vous savez ? (III, 69-71)

Le Prophète ne cessait d'appeler les juifs à l'islam, en les mettant en garde contre la colère de Dieu. Ils lui dirent :

— Non, Muhammad, nous suivrons plutôt la voie de nos ancêtres. Ils en savaient plus que nous et étaient meilleurs que nous.

Alors Dieu révéla :

Si on leur dit : Suivez ce que Dieu révèle, ils répondent : Nous suivrons plutôt la voie de nos ancêtres. Et si leurs ancêtres n'avaient rien compris, s'ils avaient perdu la voie juste ?

(II, 170) (Ibn Ishâq, t. II, p.143)

'Umar ibn al-Khattâb fut l'un des plus proches compagnons du Prophète et devait, après sa mort, devenir le deuxième Calife (successeur du Prophète), à la tête de la communauté musulmane.

Il possédait une terre sur les hauteurs de Yathrib. Lorsqu'il s'y rendait, il passait devant des écoles juives. Il y entrait et écoutait ce qui s'y disait. Les juifs lui dirent :

— 'Umar, il n'est personne parmi les amis de Muhammad que nous aimions plus que toi. Lorsque tu passes devant chez nous, tu ne nous fais pas de mal.

'Umar répondit :

— Par Dieu, je ne viens pas par amour pour vous ou par envie de vous voir. Je viens vous écouter.

Il les questionna et ils le questionnèrent. Ils lui demandèrent :

— Quel ange est l'ami de votre prophète ?

'Umar répondit :

— Gabriel.

— Parmi les hôtes du ciel, Gabriel est notre ennemi. C'est lui qui dévoile à Muhammad nos secrets. Lorsqu'il vient à nous, il est porteur de guerre et de disette. Notre ami à nous, c'est Michel. Lorsqu'il vient à nous, il est porteur d'abondance et de paix.

— Comment ? Vous reconnaissez Gabriel comme un hôte du ciel et néanmoins vous contestez Muhammad ?

'Umar se leva et alla retrouver le Messager de Dieu, qui l'accueillit par ces mots :

— Fils d'Al-Khattâb, veux-tu que je te récite un verset qui vient de m'être révélé?

Il récita :

Dis: Qui est l'ennemi de Gabriel - qui, avec la permission de Dieu, a fait descendre sur ton cœur la Révélation, pour confirmer ce qui était avant, pour montrer aux croyants la voie et leur annoncer la bonne nouvelle ?... Dieu est l'ennemi de ces infidèles.

'Umar s'écria :

— Par mon père et ma mère, par Celui qui t'envoie avec la Vérité, je venais te rapporter la chose, mais Celui qui est tout bonté et tout savoir te l'a rapportée avant moi!

(II, 97-98) (Al-'Asqalânî, p. 123)

La communauté musulmane de Yathrib était au départ fort démunie et, parmi les nouveaux convertis convergeant vers elle de différentes régions d'Arabie, les pauvres étaient les plus nombreux. Pour faire face à leurs besoins, le Prophète, qui n'avait pas de fortune personnelle, demanda aux seigneurs les plus riches, musulmans, polythéistes ou juifs, de lui prêter de l'argent. Dieu l'encouragea à le faire, en promettant de récompenser ceux qui se montreraient généreux :

Celui qui fait à Dieu un beau prêt, Dieu le lui rend au centuple.

Le Très-Haut ayant révélé ce verset, un juif de Yathrib s'écria :

— Le Dieu de Muhammad est dans le besoin !

Lorsque cette insulte parvint à ses oreilles, 'Umar ibn al-Khattâb prit son sabre et se mit en quête du juif qui l'avait prononcée.

Mais Dieu intervint pour prôner le sang-froid et l'indulgence :

Dis aux croyants de se montrer indulgents à l'égard de ceux qui ne placent pas leur espoir dans les Jours de Dieu [le Jugement dernier]**...**

Le Messager de Dieu fit aussitôt appeler 'Umar et lui dit :

— Pose ton, sabre, 'Umar.

Puis il lui récita le verset que Gabriel venait de lui transmettre. 'Umar s'écria :

— ... Par Celui qui t'envoie avec la Vérité, mon visage ne reflétera plus jamais la colère !

(II, 245) (XLV, 14) (Al-Wâhidî, p. 394)

Un savant juif vint voir le Messager de Dieu et lui dit :

— Muhammad, nous savons que Dieu tient les cieux sur un doigt, les terres sur un doigt, les arbres sur un doigt, les eaux et les sols humides sur un doigt, l'ensemble des créatures sur un doigt. Et qu'Il dit : Je suis le pouvoir souverain.

A ces mots, le Messager de Dieu rit de toutes ses dents. Dieu venait de lui révéler :

Ils n'ont pas reconnu Dieu à sa juste mesure. Au jour de la Résurrection, la terre entière tiendra dans Sa poignée et les cieux seront pliés dans Sa main droite. Gloire à Lui, qui transcende tout ce qu'on Lui associe.

(XXXIX, 67) (Al-Wâhidî, p. 386)

Des juifs vinrent dire au Messager de Dieu :

— Toi qui te dis prophète, pourquoi ne parles-tu pas à Dieu, ni ne Le regardes, comme Moïse Lui a parlé et L'a regardé ? Nous ne pourrons croire en toi que si tu fais cela.

Le Prophète répondit :

— Moïse n'a pas regardé Dieu Tout-Puissant.

Dieu lui avait révélé :

Il n'est donné à aucun humain que Dieu lui parle, si ce n'est par révélation, ou derrière un voile, ou par le truchement d'un envoyé qui révèle, avec Sa permission, ce qu'Il veut.

(XLII, 51) (Al-Zamakhsharî, p. 983 et Al-Wâhidî, p. 390)

Certains juifs vinrent voir le Messager de Dieu et le questionnèrent sur la création des cieux et de la terre. Il dit :

— Dieu créa la terre le dimanche et le lundi. Il créa les montagnes et les bienfaits qu'elles abritent, le mardi.

Il créa les arbres et l'eau, le mercredi. Il créa les étoiles, le soleil et la lune, le vendredi.

— Et ensuite, que se passa-t-il?

— Dieu se tint sur Son Trône.

— Tu aurais dit vrai si tu avais ajouté : Puis Il se reposa.

Le Messager de Dieu se mit en colère. [C'est faire offense à Dieu que prétendre qu'Il a besoin de se reposer.]

Le Très-Haut le conforta en révélant :

Nous avons créé en six jours les cieux, la terre et ce qu'il y a entre eux, sans éprouver la moindre fatigue.

(L, 38) (Al-Wâhidî, p. 414)

Certains juifs dirent au Messager de Dieu :

— Si tu es prophète, apporte-nous un Livre venu du ciel d'un seul tenant, comme Moïse l'a fait!

A quoi le Très-Haut répondit :

Les gens du Livre te demandent de faire descendre du ciel un Livre pour eux. Ils avaient demandé à Moïse bien plus que cela. Ils lui avaient dit : Fais-nous voir Dieu en face ! La foudre les a emportés pour leur impiété.

(IV, 153) (Muqâtil, t. I, p. 268 et Al-Zamakh-sharî, p. 268)

Les juifs dénigrèrent le Messager de Dieu, disant :

— Toute l'ardeur de cet homme est dédiée aux femmes et au plaisir. S'il était prophète, comme il le prétend, la prophétie aurait prévalu sur les femmes!

Le Très-Haut révéla alors :

Nous avons envoyé avant toi des prophètes et nous leur avons donné épouses et descendants.

(XIII, 38) (Al-Wâhidî, p. 280)

Les musulmans devaient se réunir pour la prière à cinq moments différents de la journée. Mais il leur était difficile de savoir, chaque fois, l'heure où elle commençait. Le Prophète chercha, pour les appeler ensemble à la prière, un moyen qui fût différent de ceux qu'utilisaient les juifs et les chrétiens. Il consulta à ce sujet plusieurs compagnons. C'est l'un d'entre eux qui lui proposa l'idée, finalement retenue par lui, de charger un musulman, debout sur le mur d'enceinte de chaque mosquée, de lancer deux fois un double appel à la prière. La fonction de muezzin était née.

Lorsque les juifs entendirent l'appel à la prière, ils vinrent voir le Messager de Dieu et lui dirent :

— Muhammad, tu as introduit une pratique dont nous n'avons jamais entendu parler auparavant. Tu te prétends prophète, mais tu te distingues, par cette prati-

que, de tous les prophètes qui t'ont précédé. Si c'était une bonne chose, ces prophètes l'auraient adoptée avant toi. Comment peux-tu agréer ce cri, qui ressemble à celui du chameau ? Il n'y a rien de plus laid, ni de plus grossier.

Alors le Très-Haut révéla :

Lorsque vous appelez à la prière, ils s'en moquent, ils s'en amusent. Ce sont des gens qui ne raisonnent pas.

(V, 58) (Al-Wâhidî, p. 203)

Un rabbi [que le Prophète venait de piquer au vif] *dit :*

— *Muhammad, Dieu a-t-il fait descendre sur toi un Livre ?*

Le Messager de Dieu répondit :

— *Oui.*

Le rabbi répliqua :

— *Dieu n'a jamais rien fait descendre du ciel.*

Alors le Très-Haut révéla :

Ils ne prennent pas la juste mesure de Dieu, lorsqu'ils disent : Dieu n'a jamais rien fait descendre sur un humain. Dis : Qui donc a révélé à Moïse le Livre qu'il a porté aux gens pour les éclairer et les guider ?...

(VI, 91) (Al-Wâhidî, p. 242)

Les Arabes utilisaient couramment le terme « considérer ». Lorsque les juifs les entendirent s'adresser au Prophète en lui disant : « Considère-nous », ils s'en réjouirent, car dans leur usage, ce terme était insultant. Ils se dirent :

— Jusqu'ici, nous utilisions ce terme pour insulter Muhammad en secret. Désormais, puisque les Arabes eux-mêmes l'utilisent, nous pouvons insulter Muhammad publiquement.

Ils prirent l'habitude d'aborder le Prophète en lui disant :

— O Muhammad, considère-nous !

Puis ils éclataient de rire.

Un homme des Ansârs, qui connaissait l'usage des mots chez les juifs, finit par déjouer leur manœuvre. Il leur dit :

— Ennemis de Dieu, soyez maudits ! Par Celui qui tient l'âme de Muhammad entre Ses mains, si j'entends l'un d'entre vous utiliser cette expression, je lui trancherai la tête !

Ils répondirent :

— Mais enfin, n'utilisez-vous pas vous-mêmes cette expression ?

Alors le Très-Haut dit aux croyants :

Vous qui croyez, cessez de dire : « Considère-nous. » Dites : « Regarde-nous » !

(II,104) (Al-Wâhidî, p.36)

Les juifs de Yathrib ayant fini par se joindre aux ennemis polythéistes du Prophète, Dieu aura pour eux des paroles de plus en plus sévères.

Les juifs ont dit : La main de Dieu est entravée ! Que soient entravées leurs mains, qu'ils soient maudits pour ce qu'ils ont dit ! Non, Ses deux mains sont grandes ouvertes et Il prodigue à Son gré Ses bienfaits ! (V, 64)

Nous avons interdit aux juifs certaines bonnes choses, qui pourtant leur avaient été permises – et ce, du fait de leur iniquité et parce qu'ils se sont trop écartés du chemin de Dieu, qu'ils ont pratiqué l'usure alors qu'elle leur était interdite, qu'ils ont injustement accaparé le bien des gens. A ceux d'entre eux qui sont infidèles, nous réservons un douloureux châtiment. (IV, 160-161)

DIEU RÉPOND AUX ARGUMENTS DES CHRÉTIENS

A Yathrib, les musulmans ont aussi de vifs échanges avec les chrétiens. Mais ces derniers vivent dans une autre ville, Najrân, et ne viennent à Yathrib qu'occasionnellement. Leurs débats avec les musulmans, comme avec les juifs d'ailleurs, sont proprement doctrinaux. N'ayant pas d'implication politique ou militaire, ces débats n'atteindront pas la violence sur laquelle déboucheront les débats entre musulmans et juifs.

Des juifs et des chrétiens, s'étant trouvés ensemble chez le Messager de Dieu, commencèrent à se disputer. Les premiers dirent :

— Abraham ne pouvait être que juif.

Les seconds répondirent :

— Abraham ne pouvait être que chrétien.

Le Très-Haut révéla alors au Prophète :

Dis : Gens du Livre, pourquoi vous disputer au sujet d'Abraham, alors que la Torah et l'Evangile n'ont été révélés qu'après lui ? Ne raisonnez-vous pas ?... Abraham n'était ni juif ni chrétien, mais un hanîf [croyant originel] **musulman** [soumis à Dieu]. **Il n'était pas au nombre des polythéistes.**

(III, 65-67) (Ibn Ishâq, t. II, p. 144)

Un autre jour, chez le Messager de Dieu. L'un des juifs dit aux chrétiens :

— Vous ne vous fondez sur rien.

Et il blasphéma contre Jésus et l'Evangile.

L'un des chrétiens dit aux juifs :

— C'est vous qui ne vous fondez sur rien.

Et il blasphéma contre Moïse et la Torah.

Alors Dieu révéla :

Les juifs ont dit : Les chrétiens ne se fondent sur rien. Les chrétiens ont dit : Les juifs ne se fondent sur rien. Et pourtant les uns et les autres récitent le Livre. Ainsi ceux qui ne savent rien parlent-ils de la même manière. Sur le différend qui les oppose, Dieu tranchera au Jour du Jugement.

(II, 113) (Ibn Ishâq, t. II, p. 141)

Une délégation de l'importante communauté chrétienne de Najrân vint à Yathrib, pour rencontrer le Messager de Dieu.

Arrivés dans l'après-midi, les hommes se rendirent aussitôt à la Mosquée, où le Messager de Dieu venait de terminer la prière. Ils étaient tous vêtus de robes de prêtre, faites de riches étoffes du Yémen, comme les compagnons du Prophète n'en avaient jamais vu.

L'heure de leur prière étant venue, ils s'apprêtèrent à la faire dans la Mosquée même. Les musulmans voulurent les en empêcher, mais le Messager de Dieu dit :

— Laissez-les prier.

Après la prière, les chrétiens demandèrent au Messager de Dieu :

— Pourquoi insultes-tu notre Seigneur Jésus ?

— Comment cela ?

— Tu dis de lui que c'est un serviteur.

— Oui. Il est le serviteur de Dieu, Son prophète...

Les chrétiens se fâchèrent [Jésus étant pour eux le fils de Dieu] :

— A-t-on jamais vu un humain naître sans père ? S'il s'en trouve un, dis-nous son nom...

C'est le Très-Haut qui dicta la réponse :

Au regard de Dieu, Jésus est semblable à Adam. Il l'a créé de poussière, puis il a dit : Sois et il fut.

(III, 59) (Al-Wâhidî, p. 106)

Le Messager de Dieu dit aux chrétiens :

— Embrassez l'islam.

Ils répondirent :

— Nous avons déjà embrassé l'islam.

— Non, vous ne l'avez pas encore fait.

— Nous l'avons embrassé avant toi.

— Vous mentez. Trois choses vous tiennent à l'écart de l'islam : vous prétendez que Dieu est né, vous adorez la croix et vous mangez du porc.

— Qui donc est le père de Dieu, Muhammad ?

Le Messager de Dieu ne répondit pas.

Le lendemain, il vint les voir et leur récita ce que Dieu lui avait révélé entre-temps :

Sont impies ceux qui disent que Dieu est le Messie, fils de Marie. Le Messie lui-même a dit : Fils d'Israël, n'adorez que Dieu, qui est mon Seigneur et le vôtre. A ceux qui associent des dieux à Dieu, Dieu interdit le Paradis et promet l'Enfer... Sont impies ceux qui disent que Dieu est le troisième de trois. En vérité, il n'y a de dieu que Dieu, l'Unique...

(V, 72-73) (Ibn Ishâq, t. II, p. 160)

DIEU VEILLE
SUR LA COMMUNAUTÉ MUSULMANE

A Yathrib, c'est au jour le jour que les croyants apprennent à vivre selon l'islam. A mesure qu'ils affrontent des problèmes qu'ils ne peuvent plus résoudre selon les coutumes ancestrales, mais ne savent pas encore traiter en tant que musulmans, ils s'adressent au Prophète. Ils lui soumettent toutes sortes de questions, même les plus intimes.

A ces questions, il choisit, selon les cas, de répondre lui-même ou d'attendre la réponse de Dieu. Il arrive que la réponse donnée par le Prophète soit ensuite rectifiée par un verset de Dieu.

Ainsi se précise, pas à pas, l'ensemble des valeurs et des normes qui structurent la première communauté musulmane.

Sur la compassion de Dieu pour les croyants :

Lorsque mes adorateurs t'interrogent sur Moi, Je suis tout proche, Je réponds à l'appel de qui m'invoque, dès qu'il m'invoque... (II,186)

Sur la responsabilité personnelle de chaque humain devant Dieu :

Craignez le Jour où vous reviendrez à Dieu, où chacun sera rétribué selon ses actes, où nul ne sera lésé... (II, 281)

Sur le prix de la vie humaine :

A l'intention des fils d'Israël, nous avons édicté que : quiconque tue un homme qui n'a ni tué ni commis de dégât sur la terre, c'est comme s'il tuait tous les hommes ; et quiconque sauve la vie d'un homme, c'est comme s'il sauvait la vie de tous les hommes... (V, 32)

Un jeune esclave abyssin se rendait à la Mosquée pour y faire toutes ses prières. Le Messager de Dieu, ayant remarqué sa présence assidue, fut étonné un jour de ne pas l'y voir. Il demanda à son maître :

— Où est le garçon ?

— Il a de la fièvre, Messager de Dieu.

— Eh bien, allons lui rendre visite !

Le Messager de Dieu et plusieurs de ses compagnons allèrent sur-le-champ rendre visite au garçon. Quelques jours plus tard, ne le voyant pas revenir, le Messager de Dieu demanda à son maître :

— Comment va le garçon ?

— Il est dans le même état.

Le Messager de Dieu alla rendre une nouvelle visite au garçon, qui mourut dans ses bras. Et le Messager de Dieu procéda lui-même à l'ablution du corps, à sa mise en linceul et à son enterrement. De nombreux compagnons s'en étonnèrent. Les Muhâjirûn [musulmans originaires de La Mecque émigrés à Yathrib] *dirent :*

— Nous avons quitté nos maisons, nos biens, nos parents. Nous n'avons vu personne des nôtres, jusqu'ici, recevoir un traitement comparable à celui de ce garçon.

Et les Ansârs [habitants de Yathrib convertis à l'islam] *dirent :*

— Nous avons accueilli le Prophète chez nous, nous l'avons protégé et soutenu avec nos biens. Et voilà qu'il nous préfère un esclave abyssin !

Alors le Très-Haut révéla :

Le plus digne d'entre vous au regard de Dieu est celui qui est le plus pieux.

(XLIX, 13) (Al-Wâhidî, p. 411) (Al-Zamakhsharî, p.104)

Une musulmane alla voir le Prophète et lui dit :

— Messager de Dieu, les femmes sont désemparées.

— Pourquoi cela ?

— Parce que le Coran ne les cite pas avec faveur, comme il le fait pour les hommes.

Alors Dieu révéla :

Les musulmans et les musulmanes, les croyants et les croyantes, les hommes pieux et les femmes pieuses, les hommes sincères et les femmes sincères, les hommes patients et les femmes patientes, les hommes humbles et les femmes humbles, les hommes qui s'acquittent de l'aumône et les femmes qui s'acquittent de l'aumône, les hommes qui jeûnent et les femmes qui jeûnent, les hommes chastes et les femmes chastes, les hommes et les femmes qui invoquent souvent Dieu – à tous ceux-là, Dieu réserve Son pardon et un grandiose salaire.

(XXXIII,35) (Al-Wâhidî, p. 370) (Variante : Muqâtil, t. III, p. 46)

Verset fondamental. Sur le plan spirituel, femmes et hommes en islam ont statut égal devant Dieu.

Avant que toutes les règles à suivre, durant le jeûne du Ramadan, n'aient été édictées, les musulmans pouvaient manger, boire et connaître leurs femmes jusqu'au moment où le sommeil les prenait. Après quoi, ils devaient s'en abstenir jusqu'à l'heure de la rupture du jeûne le soir suivant. Il arriva qu'un soir, 'Umar, proche compagnon du Prophète, enfreignit cette règle : s'éveillant au cours de la nuit, il ne put s'empêcher d'approcher sa femme.

Le lendemain, il alla voir le Prophète et lui dit :

— Je viens implorer Dieu et Son Prophète...

— Qu'as-tu fait de mal ?

— Je n'ai pu m'empêcher d'approcher ma femme, cette nuit... Peux-tu m'indiquer un chemin de pardon ?

Le Prophète dit simplement :

— Je ne m'attendais pas à cela de ta part, 'Umar...

'Umar repartit chez lui.

Mais peu après, le Prophète sut que 'Umar n'était pas seul à enfreindre la règle de l'abstinence. Plusieurs musulmans avouèrent qu'ils faisaient la même chose. Le Prophète fit alors rappeler 'Umar et lui récita le verset que Dieu venait de révéler :

Le rapport avec vos femmes vous est permis durant la nuit du jeûne. Elles sont pour vous un vêtement, comme vous êtes pour elles un vêtement. Dieu a su que vous vous faisiez du tort. Il vous a blanchis, Il vous a pardonné. Fréquentez donc vos femmes et agissez selon ce que Dieu vous a prescrit... Mais n'ayez aucun rapport avec vos femmes tant que vous faites retraite à la Mosquée. Telles sont les lois de Dieu...

(II,187) (Muqâtil, t. I, p. 97)

Non seulement Dieu traite les pécheurs avec indulgence et leur pardonne leur écart, mais Il va jusqu'à changer la règle en vigueur. Il leur permet désormais ce qui était jusque-là interdit.

'A'isha, fille d'Abû Bakr, le plus proche compagnon du Prophète, est l'épouse préférée de ce dernier.

Elle raconte :

Au cours d'une expédition, le Messager de Dieu ordonna une courte halte dans un endroit sans eau. C'est là que j'égarai l'un de mes colliers. Je m'en ouvris à lui. Il décida de prolonger la halte jusqu'au lendemain. Cela provoqua la colère de certains, qui dirent :

— C'est la faute à 'A'isha !

Ils allèrent voir mon père, Abû Bakr :

— Tu vois ce qu'a fait 'A'isha ? Elle retient le Messager de Dieu, et nous tous avec lui, dans un endroit aride, alors que nous n'avons pas de provision d'eau et ne pouvons faire nos ablutions...

Abû Bakr vint me répéter ces paroles en me réprimandant. Il alla même jusqu'à me donner des tapes dans le ventre, alors que je devais me tenir immobile, le Messager de Dieu s'étant endormi la tête posée sur ma cuisse.

Alors Dieu révéla le verset autorisant les ablutions sans eau :

Si vous ne trouvez pas d'eau, recourez à du sable propre, avec lequel vous vous frotterez le visage et les mains.

Le Messager de Dieu dit :

— Avant nous, les gens priaient dans leurs maisons ou dans leurs sanctuaires. Pour nous, la terre entière devient propre à la purification, où que vienne l'heure de la prière.

(IV,43) (Al-Wâhidî, p.158)

Dieu intervient, au moment voulu, pour permettre aux croyants de résoudre un problème imprévu. A noter, aussi, le sentiment qu'avaient les musulmans d'être entendus par Dieu dans le cours de leur vie quotidienne.

Durant la Jâhiliyya [période pré-islamique, dite de l'Ignorance] *et aux débuts de l'islam, un homme revenant de pèlerinage et se trouvant encore en état de consécration rituelle, n'entrait pas dans une maison, une tente ou un jardin, par la porte de devant. Il devait le faire par une ouverture ménagée à l'arrière. Seuls les membres de certaines tribus étaient exemptés de cette obligation. On les appelait « ahmusî ».*

En se prévalant de cette exemption, le Prophète entra un jour dans une maison par la porte de devant. Il fut aussitôt suivi par un homme, lui aussi en état de consécration rituelle, dont l'entrée souleva une réprobation générale. Il dit au Messager de Dieu :

— Je n'ai fait que suivre ce que tu viens de faire.

— Mais je suis « ahmusî ».

— Je suis, moi aussi, « ahmusî » !

A la suite de quoi Dieu révéla :

La piété ne consiste pas à entrer dans les maisons par l'arrière, la piété consiste à vénérer Dieu. Entrez dans les maisons par leurs portes et vénérez Dieu.

(II,189) (Al-Wâhidî, p. 56)

Intervention sur une question strictement liée au contexte arabe de l'époque.

Au cours de l'un de ses sermons, le Messager de Dieu parla du Jugement dernier en des termes si terribles, que les gens sortirent en pleurant, le cœur empli d'effroi. Dix des plus proches compagnons du Prophète, parmi lesquels se trouvaient Abû Bakr, 'Alî ibn Abû Tâlib, Abû Dhar al-Ghifârî et Salmân le Perse, se réunirent et jurèrent devant Dieu que, désormais, ils jeûneraient de jour et prieraient de nuit, ne dormiraient plus sur des couches, ne mangeraient plus de viande ou de graisse, n'approcheraient plus leurs femmes, porteraient des robes de bure, refuseraient les biens de ce monde et se disperseraient sur la terre, pour vivre en moines solitaires voués à la seule adoration de Dieu.

Lorsque le Messager de Dieu apprit cela, il les convoqua et leur dit :

— Est-il vrai que vous avez décidé toutes ces choses ?

— Nous voulons dédier nos vies au bien.

— Mais ces choses ne m'ont pas été ordonnées ! Vos

personnes ont des droits sur vous ! Jeûnez, mais mangez aussi ! Priez, mais dormez aussi ! Quant à moi, je prie et je dors, je jeûne et je mange, y compris de la viande et de la graisse. Celui qui quitte ma voie n'est plus des miens.

Dans son sermon suivant, il dit :

— Que penser de ceux qui renoncent aux femmes, à la nourriture et aux mets savoureux, au sommeil, à tous les plaisirs de la vie ? Je ne vous commande pas de devenir des prêtres ou des moines. Ma religion n'interdit ni les femmes ni la viande, elle ne vous prescrit pas de vivre dans des cellules d'ermite. (...) La piété consiste à combattre au service de Dieu. Adorez Dieu et ne Lui associez personne, accomplissez le pèlerinage, grand ou petit, faites vos prières, acquittez l'aumône, jeûnez pendant le mois de Ramadan. Ceux qui, avant vous, ont été intransigeants avec eux-mêmes ont épuisé leurs forces, car Dieu s'est alors montré intransigeant envers eux ! Vous trouverez les derniers d'entre eux dans les monastères ou les ermitages...

Et le Très-Haut révéla :

Vous qui croyez, ne vous interdisez pas les choses bonnes que Dieu vous a permises...

Ils dirent :

— Mais nous avons fait serment. Comment nous désister maintenant ?

Le Très-Haut révéla :

Dieu ne vous tiendra pas rigueur d'un serment fait à la légère, Il vous tient rigueur de ce que vous dicte votre cœur. Dieu est clément et patient.

(V, 87 et 89) (Muqâtil, t. I, p. 317) (Al-Wâhidî, p. 208)

Exemple d'intervention divine dans une conversation entre le Prophète et ses compagnons.

Un homme des Ansârs dit au Messager de Dieu :

— Comment se fait-il que le croissant de lune nous apparaisse d'abord aussi mince qu'un fil, puis qu'il se mette à grandir jusqu'à former un cercle parfait, puis qu'il commence à rétrécir pour redevenir ce qu'il était ? Que ne garde-t-il la même forme ?

Dieu révéla alors :

Ils t'interrogent sur les nouvelles lunes. Réponds : elles marquent le temps pour les hommes et pour le pèlerinage.

(II,189) (Al-Wâhidî, p. 55)

Un homme alla voir 'Umar ibn al-Khattâb et lui dit :

— Une femme est venue me demander de lui vendre des dattes pour un dirham. Elle m'a plu. Je lui ai répondu : « Chez moi, j'ai des dattes bien meilleures que celles-ci. Entre donc. » Je l'ai emmenée dans la maison,

tout en sachant que son mari est en mission au service de Dieu. J'ai tout obtenu d'elle, sauf l'union des corps.

'Umar dit :

— Malheur à toi. Son mari est en mission au service de Dieu ?

— Oui.

— Va voir Abû Bakr.

L'homme alla voir Abû Bakr et lui répéta ce qu'il venait de dire à 'Umar. Abû Bakr dit :

— Va voir le Messager de Dieu.

L'homme alla raconter son histoire au Messager de Dieu, qui lui demanda :

— Son mari est en mission au service de Dieu ?

— Oui.

Le Messager de Dieu se retira sans rien dire.

Puis Dieu révéla :

Fais ta prière matin et soir, ainsi qu'aux deux bords de la nuit. Les bonnes actions effacent les mauvaises.

Lorsque le verset lui fut récité, l'homme demanda au Messager de Dieu :

— Ce verset s'adresse-t-il à moi seul, ou à tout le monde ?

'Umar lui donna une tape sur la poitrine et lui dit :

— Eh non, ce verset ne concerne pas que toi, il s'adresse à tout le monde.

Le Messager de Dieu éclata de rire et dit :

— *'Umar a dit vrai.*

(XI,114) (Al-Wâhidî, p. 274)

Les gens de Yathrib connurent une période difficile, où les prix montèrent et où ils eurent faim.

Duhayya al-Kalbî, revenant de Syrie à la tête d'une caravane, prévint les gens de son arrivée en faisant donner du tambour dans les rues. C'était un vendredi midi et le Messager de Dieu faisait son sermon à la Mosquée. Les gens se levèrent et allèrent en courant rejoindre la caravane qui entrait dans la ville. Il ne resta dans la Mosquée que douze hommes, parmi lesquels Abû Bakr et 'Umar.

Le Très-Haut révéla :

A peine entrevoient-ils un négoce ou un divertissement, qu'ils y courent en te laissant là. Dis : ce que Dieu détient vaut mieux que le divertissement et le négoce. Dieu est le plus grand dispensateur de bienfaits.

(LXII,11) (Al-Zamakhsharî, p. 1105) (Al-Wâhidî, p. 448)

Un homme vint voir le Prophète et lui dit :

— *Que faire d'un dinar?*

Le Prophète répondit :

— *Dépense-le pour toi-même.*

— *Que faire d'un deuxième dinar?*

— Dépense-le pour ta famille.

— Que faire d'un troisième dinar?

— Dépense-le pour celui qui te sert.

— Que faire d'un quatrième dinar?

— Dépense-le pour tes père et mère.

— Que faire d'un cinquième dinar?

— Dépense-le pour tes proches.

— Que faire d'un sixième dinar?

— Dépense-le au service de Dieu et c'est là le meilleur...

Alors Dieu révéla :

Ils te demandent comment dépenser. Réponds : Que vos largesses aillent à vos père et mère, aux proches, aux orphelins, aux pauvres, ainsi qu'à l'étranger de passage. Tout ce que vous faites de bien, Dieu en a connaissance...

(II, 215) (Al-Wâhidî, p. 69)

Les maisons de Yathrib étant trop petites, les gens devaient sortir pour leurs besoins. Les femmes sortaient à la nuit tombée. Les débauchés les suivaient, s'approchaient d'elles, leur faisaient des avances. Lorsqu'elles se taisaient, ils les importunaient davantage; lorsqu'elles les repoussaient, ils finissaient par s'éloigner d'elles.

Ces débauchés poursuivaient surtout les esclaves, mais dans l'obscurité de la nuit, ils ne pouvaient distin-

guer les femmes libres des esclaves, puisqu'elles étaient toutes vêtues de robes et portaient des foulards.

Les femmes parlèrent de ces choses à leurs maris, qui en parlèrent au Messager de Dieu.

Alors le Très-Haut révéla :

Prophète, dis à tes épouses, à tes filles, aux femmes des croyants, de revêtir leurs mantes. C'est le plus sûr moyen pour elles de se faire reconnaître et de ne pas subir d'offense.

(XXXIII,59) (Al-Wâhidî, p. 377)

A noter qu'il s'agit ici de « mante » ou de « châle » *(julbâb)* plutôt que de « voile » *(hijâb)*, mot que l'on retrouve plus loin (p. 148), dans le verset XXXIII, 53 s'appliquant aux seules épouses du Prophète.

Avant l'Hégire, lorsqu'un homme mourait à Yathrib laissant une veuve, la coutume voulait que l'un de ses fils nés d'une autre femme, ou l'un de ses proches par le sang, étendît son vêtement sur la veuve et acquît dès lors sur elle plus de pouvoir qu'elle-même ou que tout autre homme. S'il en décidait ainsi, il pouvait l'épouser, sans lui offrir d'autre dot que celle que lui avait laissée son défunt mari, ou lui prendre cette dot et ne rien lui donner, ou encore l'ignorer et même la maltraiter, afin qu'elle rachetât sa liberté en lui versant cette dot comme rançon, ou alors attendre qu'elle mourût pour hériter d'elle.

Abû Qays ibn al-Aslat étant mort après l'Hégire, sa veuve Kubaysha vit l'un des fils de son mari nés d'une autre femme, étendre sur elle son vêtement et l'épouser. Puis l'homme s'abstint de l'approcher et de subvenir à ses besoins, espérant qu'elle finirait par lui racheter sa liberté.

Kubaysha alla voir le Messager de Dieu et lui dit :

— Mon mari est mort et son fils a hérité de moi comme épouse. Cela fait déjà longtemps et depuis, il ne veut ni m'entretenir, ni m'approcher, ni me rendre ma liberté.

Le Messager de Dieu répondit :

— Rentre chez toi jusqu'à ce que l'ordre de Dieu te concernant me soit révélé.

Elle rentra chez elle, tandis que d'autres femmes, apprenant son affaire, allaient dire au Messager de Dieu :

— Il nous arrive la même chose que Kubaysha, sinon avec les fils, avec les cousins.

Alors Dieu révéla :

Vous qui croyez, il ne vous est pas permis de recevoir des femmes en héritage contre leur gré, ni de les contraindre pour leur reprendre une part de ce que vous leur avez donné, à moins qu'elles n'aient commis une infamie prouvée. Comportez-vous avec elles comme il convient. Si vous éprouvez pour elles de l'aversion, votre aversion porte peut-être sur une

chose où Dieu place un grand bien... N'épousez plus, désormais, les femmes que vos pères ont épousées avant vous.

(IV, 22) (Al-Wâhidî, p. 150)

Humanisation du statut de la femme.

Noter cette phrase essentielle, qui revient souvent dans la bouche du Prophète :

— *Rentre chez toi jusqu'à ce que l'ordre de Dieu te concernant me soit révélé.*

L'intervention de Dieu dans le temps humain est vécue comme allant de soi.

Le Prophète alla rendre visite à un musulman malade, qui lui dit :

— *A qui vais-je transmettre mes biens, moi qui n'ai ni père ni fils ?*

Dieu révéla à cette occasion :

Ils te demandent une instruction. Dis : Dieu vous instruit au sujet de la succession sans héritier direct. Lorsqu'un homme meurt sans laisser d'enfant mais en ayant une sœur, la moitié de la succession revient à celle-ci. Si la sœur meurt sans enfant, son frère est l'unique héritier. S'il a deux sœurs, les deux tiers de la succession leur reviennent. S'il a des frères et des sœurs, à l'homme revient deux fois la part de la femme...

(IV,176) (Muqâtil, t. I, p. 274)

Sur la polygamie :

... Epousez selon votre gré deux, trois ou quatre femmes. Si vous craignez de ne pas être équitables, épousez une seule femme, ou bien des esclaves... (IV, 3)

La femme de Sa'd ibn al-Rabî' lui ayant manqué de respect, il la gifla. Elle s'en plaignit à son père. Il l'emmena chez le Messager de Dieu et dit à celui-ci :

— Ma fille a manqué de respect à son mari et il l'a frappée.

Le Messager de Dieu répondit :

— Qu'elle lui rende la pareille!

Père et fille repartirent, mais furent peu après rappelés par le Messager de Dieu, qui leur dit :

— Gabriel vient de me visiter. Dieu révèle :

Les hommes ont autorité sur les femmes en vertu de la préférence que Dieu leur a accordée sur elles et de ce qu'ils dépensent de leurs propres biens... Celles dont vous craignez l'insoumission, admonestez-les, désertez leurs couches, frappez-les. Mais si elles reviennent à l'obéissance, ne leur cherchez pas querelle.

(IV,34) (Al-Zamakhsharî, p. 235) (Al-Wâhidî, p. 155)

On vient de voir plus haut (p. 110) que le Coran reconnaît à l'homme et à la femme un statut d'égalité sur les plans métaphysique et eschatologique, c'est-à-dire une égale dignité spirituelle. On voit ici que, par contre, il accrédite leur inégalité sociale. C'est un exemple de solution médiane entre la Loi de Dieu et la coutume tribale et patriarcale de l'époque – exemple frappant, donc, de l'inscription de la transcendance divine dans le temps humain.

Autre exemple. L'esclavage perdure, mais Dieu encourage l'affranchissement des esclaves :

Celui qui tue par erreur un croyant affranchira un esclave croyant et versera le prix du sang à la famille du défunt... Si le croyant qui a été tué appartient à un groupe ennemi, il suffira au meurtrier d'affranchir un esclave croyant... (IV, 92)

DIEU GUIDE SON MESSAGER

Alors qu'il se trouvait encore à La Mecque, le Prophète conversait un jour avec Al-Walîd ibn al-Mughîra, l'un des seigneurs de Quraysh [la principale tribu mecquoise]. *Un homme nommé Ibn Umm Maktûm, qui était aveugle, s'approcha d'eux et dit au Prophète :*

— Messager de Dieu, enseigne-moi ce que Dieu t'a enseigné !

Ne recevant pas de réponse et ne voyant pas à qui Muhammad s'adressait, il répéta plusieurs fois sa demande en tirant le Prophète par la manche. Ce dernier finit par en être agacé. Son visage se renfrogna et il s'éloigna de l'aveugle pour continuer à parler à Al-Walîd.

Il s'attira alors cette remontrance de Dieu :

Il s'est renfrogné et détourné, parce que l'aveugle est venu à lui ! Mais que sais-tu ? Peut-être l'aveugle

se purifiera-t-il, réfléchira-t-il et ne sera-t-il pas averti en vain ! Auprès de quelqu'un dans l'aisance, tu t'empresses, sans te soucier de ce qu'il ne se purifie pas. Mais de quelqu'un venu à toi avec zèle et plein de crainte, tu te désintéresses. Attention. C'est là un rappel ! S'en souvienne qui veut !

Par la suite, le Prophète se montra d'une grande bienveillance avec Ibn Umm Maktûm, s'adressant ainsi à lui :

— Salut à celui qui m'a valu d'être blâmé par mon Seigneur!

(LXXX, 1-12) (Al-Zamakhsharî, p. 179 et Al-Wâhidî, p. 471)

Dieu intervient pour « blâmer » Son Prophète, en lui rappelant qu'un homme pieux a préséance sur un homme puissant.

Parmi les tout premiers musulmans se trouvaient quelques individus sans appartenance clanique [esclaves ou affranchis]. *Les seigneurs de La Mecque dirent :*

— Voyez ces gens qui suivent Muhammad! Ce ne sont que des affranchis, des esclaves, la lie de nos quartiers! Nous suivrions Muhammad s'il s'adressait aux chefs de ces quartiers et aux maîtres de ces affranchis!

Puis ils dirent à Abû Tâlib, l'oncle du Prophète ·

— Dis à ton neveu de chasser ces étrangers et ces gueux, s'il veut être écouté par les chefs et les seigneurs de son peuple !

Et Abû Tâlib transmit le message à son neveu :

— Si seulement tu éloignais de toi ces gens-là...

Alors Dieu intervint :

Ne repousse pas ceux qui prient leur Seigneur matin et soir en recherchant Sa face... Si tu les repoussais, tu commettrais une injustice !

(VI, 52) (Muqâtil, t. I, p. 248)

Selon Al-Zamakhsharî, sur le conseil de 'Umar, l'un de ses plus proches compagnons, le Prophète aurait même, au début, accepté de repousser les affranchis.

Les polythéistes auraient alors exigé :

— Confirme-le-nous par écrit !

Le Prophète aurait demandé à 'Alî de venir, muni d'une feuille [de parchemin], *afin de coucher l'engagement par écrit. C'est alors que serait descendu le verset coranique* **Ne repousse pas ceux qui prient...** *Le Prophète aurait aussitôt déchiré la feuille et 'Umar se serait excusé.*

(Al-Zamakhsharî, p. 229)

Peu de temps avant l'Hégire, le Messager de Dieu eut un songe où il se vit partant vers une terre arrosée d'eaux abondantes, couverte de palmiers et d'arbres fruitiers. Il raconta son rêve à ses compagnons qui s'en réjouirent. Ils attendirent quelque temps et, ne voyant rien venir, dirent :

— O Messager de Dieu, quand partirons-nous vers le pays que tu as vu en songe ?

Il ne répondit pas.

Puis Dieu révéla :

Réponds : ... J'ignore ce qui sera fait de moi comme de vous. Je ne fais que suivre ce qui m'est révélé.

(XLVI, 9) (Al-Wâhidî, p. 395)

Dieu intervient dans le processus de décision du Prophète.

Arrivés à Yathrib, les musulmans continuaient de prier, comme ils l'avaient fait à La Mecque, en se tournant vers Jérusalem. Le Messager de Dieu dit un jour à Gabriel :

—J'aimerais que le Très-Haut me dispense de la qibla [direction de la prière] *des juifs et m'en donne une autre.*

Le Messager de Dieu pensait à la Ka'ba, qui avait été la qibla d'Abraham. Gabriel lui dit :

—Je ne suis, comme toi, qu'un serviteur de Dieu. Je n'ai aucun pouvoir. Demande à ton Seigneur de te donner pour qibla celle d'Abraham.

Gabriel s'éleva et le Messager de Dieu garda les yeux

tournés vers le ciel, dans l'espoir que l'Ange viendrait lui annoncer l'exaucement de sa prière. Cela faisait seize mois que les musulmans, ayant émigré de La Mecque à Yathrib, priaient en direction de Jérusalem. Alors le Très-Haut révéla à Son Messager :

Nous voyons souvent ton visage tourné vers le ciel. Nous te donnerons donc une qibla qui te plaira. Tourne ton visage dans la direction de la Mosquée Sacrée. Et vous, où que vous soyez, tournez votre visage dans cette direction.

Lorsque ce verset lui fut révélé, le Messager de Dieu se trouvait dans la mosquée des Banû Salmâ, où il venait d'accomplir avec ses compagnons deux prosternations de la prière de midi. Il changea aussitôt la direction de la prière et les hommes prirent la place jusque-là réservée aux femmes et les femmes prirent la place jusque-là réservée aux hommes. Depuis, la mosquée fut surnommée la mosquée des deux qiblas.

(II, 144) (Al-Zamakhsharî, p. 102)

Certains juifs vinrent voir le Messager de Dieu et lui dirent :

— Dis, Muhammad, qu'est-ce donc qui t'a détourné de la qibla que tu observais jusque-là, toi qui prétends suivre la religion d'Abraham? Si tu reprends la qibla que tu viens de quitter, nous te suivrons et te croirons.

Alors Dieu révéla :

Les insensés diront : Qui donc les a détournés de la qibla qui était la leur ? Réponds : L'orient et l'occident sont à Dieu, Il guide qui Il veut dans le droit chemin...

(II,142) (Ibn Ishâq, t. II, p.143)

A Yathrib, le Messager de Dieu se trouvait dans la gêne, faisant face à des besoins auxquels il ne pouvait subvenir. Voyant cela les Ansârs se dirent :

— Cet homme que le Très-Haut nous a envoyé, et qui est notre neveu, a des besoins auxquels il ne peut subvenir. Prélevons sur nos biens une part qui ne nous lèse pas et offrons-la-lui.

Ils réunirent une partie de leurs biens et allèrent voir le Messager de Dieu pour lui dire :

— Tu es notre neveu et Dieu t'a envoyé à nous pour nous conduire sur la juste voie. Or, tu te trouves dans la gêne et tu as des besoins auxquels tu ne peux subvenir. Nous avons pensé réunir une part de nos biens et te l'offrir afin que tu l'utilises à ta convenance. La voici.

Sur ce, Dieu révéla :

Dis : Je ne vous demande pour cela aucun salaire, sinon l'affection due aux proches.

(XLII, 23) (Al-Wâhidî, p. 389)

Lorsque les combats eurent cessé à Uhud [la seule grande bataille perdue par le Prophète], *le*

Messager de Dieu vit que le corps de son oncle Hamza avait été atrocement mutilé. Il n'avait jamais encore éprouvé de peine aussi grande. Devant le cadavre, il dit :

— Que la clémence de Dieu s'épanche sur toi. Tu as honoré au plus haut point les liens de parenté et tu as toujours agi pour le bien des autres. N'était la tristesse des tiens, j'aurais aimé te laisser là où tu es, afin que l'on retrouvât des traces de ton corps dans d'autres corps innombrables. Dieu Tout-Puissant, si tu me donnes la victoire sur ces gens, je ferai subir à soixante-dix d'entre eux ce qu'ils ont fait subir à Hamza!

Alors le Très-Haut révéla :

Si vous châtiez, infligez une peine à la mesure de celle que vous avez subie.

(XVI, 126) (Al-Wâhidî, p. 289 et Muqâtil, t. II, p. 244)

Safiyya bint Akhtab, l'une des épouses juives du Prophète, vint lui dire :

— Messager de Dieu, tes épouses me harcèlent disant : Juive, fille de juive!

Le Prophète répondit :

— Dis-leur : J'ai Aaron pour père, Moïse pour oncle et Muhammad pour époux.

Et le Très-Haut révéla :

Vous qui croyez, ne vous moquez pas les uns des autres, ceux dont on se moque sont peut-être

meilleurs que ceux qui se moquent. Que les femmes ne se moquent pas les unes des autres, celles dont on se moque sont peut-être meilleures que celles qui se moquent. Ne vous calomniez pas les uns les autres, ne vous lancez pas de surnoms injurieux...

(XLIX, 11) (Al-Zamakhsharî, p. 1039)

Un garçon vint voir le Messager de Dieu et lui dit :

— Ma mère te demande de quoi se vêtir.

Le Messager de Dieu répondit :

— En ce moment, nous n'avons pas la moindre chemise. Mais d'une heure à l'autre, Dieu nous envoie des choses. Reviens plus tard.

Le garçon porta cette réponse à sa mère, qui rétorqua :

— Dis-lui : Ma mère te demande de lui donner la chemise que tu as sur la peau.

Lorsque le Prophète entendit cela, il rentra chez lui, ôta sa chemise et la tendit au garçon.

Alors le Très-Haut révéla :

Ne porte pas ta main refermée vers ton cou, ne l'ouvre pas non plus tout entière, ou tu te retrouveras à la fois blâmé et démuni.

(XVII, 29) (Al-Zamakhsharî, p. 596)

Le Prophète récitait aux musulmans le Coran qui lui était révélé. Ses compagnons (auxquels il était désormais interdit d'évoquer les faits d'armes du passé et d'exalter les guerres tribales qui avaient opposé les Arabes entre eux avant l'islam) lui dirent un jour :

— *Messager de Dieu, si tu nous racontais des histoires ?*

Le Très-Haut révéla :

En te révélant ce Coran, nous te racontons les plus belles histoires, qu'auparavant tu ignorais.

(XII, 3) (Al-Wâhidî, p. 276)

Les Thaqîf dépêchèrent auprès du Messager de Dieu une délégation chargée de négocier les conditions de leur entrée en islam. Ils lui dirent :

— Nous n'accepterons ton autorité que si tu nous accordes des privilèges préservant notre fierté parmi les Arabes. Nous continuerons de toucher les bénéfices des prêts que nous avons consentis, tout en étant exemptés de nos propres dettes. Nous pourrons prier notre déesse Al-Lât pendant un an et nous ne serons pas chargés de détruire sa statue au terme de ce délai. Durant ce temps, nous ne serons tenus, ni de participer à tes guerres, ni de payer l'aumône légale (...). Et lorsque les Arabes te demanderont pourquoi tu nous as accordé de tels privilèges, tu répondras : C'est Dieu qui me l'a ordonné.

Ils sortirent une feuille de parchemin, qu'ils tendirent au scribe, et le Prophète commença à lui dicter :

— Au nom de Dieu, le Clément le Miséricordieux, ceci est un écrit de Muhammad, Messager de Dieu, adressé aux Thaqîf (...). Ils ne seront pas assujettis à la guerre.

Les Thaqîf insistèrent :

— Ni à l'aumône légale....

Le Prophète se tut.

Ils dirent au scribe :

— Ecris : ni à l'aumône légale....

Le scribe tourna les yeux vers le Prophète.

Excédé, 'Umar rompit le silence et, tirant son épée de son fourreau :

— Gens de Thaqîf, vous faites souffrir notre Prophète. Que Dieu soumette vos cœurs à une insupportable souffrance.

Ils répliquèrent :

— Ce n'est pas à toi que nous parlons, mais à Muhammad.

Alors le Très-Haut révéla :

Il s'en est fallu de peu qu'ils ne t'écartent de ce que Nous t'avons révélé, qu'ils ne t'amènent à Nous trahir en improvisant autre chose... Si Nous ne t'avions pas raffermi, tu aurais été près de les suivre quelque peu. Alors nous t'aurions fait subir le double de la vie et le double de la mort et tu n'aurais trouvé contre Nous nul secours.

(XVII, 73-75) (Al-Zamakhsharî, p. 604)

Dieu intervient, dans le cours même de l'action qui se déroule, pour empêcher le Prophète de céder à la pression des Thaqîf. Il lui fait ensuite la leçon, en le menaçant rétrospectivement.

Le Messager de Dieu fit venir Mâriyya [une esclave copte, qui donna au Prophète un fils, Ibrahim, mort peu après sa naissance] *et la prit dans l'appartement de son épouse Hafsa, alors que cette dernière ne s'y trouvait pas. Mais elle rentra assez tôt pour les surprendre. Elle fit part de sa tristesse au Messager de Dieu, qui murmura tout gêné :*

— N'en dis rien à 'A'isha. Et je m'interdirai de prendre cette femme.

Hafsa s'empressa pourtant de raconter la chose à 'A'isha, qui alla aussitôt la raconter à d'autres épouses. Le Messager de Dieu le sut, se fâcha et annonça qu'il déserterait la couche de toutes ses épouses pendant un mois.

Dieu révéla :

Prophète, pourquoi, par désir de complaire à tes épouses, t'interdis-tu ce que Dieu t'a permis ?

Puis Il révéla :

Lorsque le Prophète confia un secret à l'une de ses épouses et qu'elle le communiqua à sa compagne, Dieu en informa le Prophète, qui en dévoila une

partie et garda l'autre cachée. Lorsqu'Il le lui fit savoir, elle dit : Qui donc t'en a informé ? Il répondit : M'en a informé Celui qui sait tout sur tout.

(LXVI, 1 et 3) (Al-Wâhidî, p. 460) et (Al-Zamakhsharî, p. 1119)

Dieu participe directement aux péripéties de l'incident ; Il commence par mettre le Prophète au courant de ce qui s'est passé derrière son dos, puis Il raconte aux croyants la fin de l'histoire.

Un compagnon raconte :

Le Prophète passa un jour devant notre porte et, nous voyant rire aux éclats, eut ces mots de reproche :

— Qu'est-ce donc qui vous fait tant rire ?

Puis il poursuivit son chemin. Mais il revint bientôt sur ses pas et nous annonça :

— Gabriel, sur lui la paix de Dieu, est venu me visiter pour me dire : O Muhammad, le Tout-Puissant te demande : Pourquoi désespères-tu mes adorateurs ?

Informe mes adorateurs que Je suis l'indulgent, le miséricordieux, même si mon châtiment est des plus douloureux.

(XV, 49) (Al-Wâhidî, p. 283)

'Abd Allâh ibn Ubayy était au nombre des hypocrites, ayant embrassé l'islam sans y croire. Mais c'était

l'un des seigneurs de la tribu des Khazraj, raison pour laquelle le Prophète l'avait constamment ménagé.

Lorsqu'il mourut, le Prophète vint sur sa tombe et s'apprêta à lui donner sa bénédiction. 'Umar se mit devant lui et dit :

— Messager de Dieu, le Très-Haut ne t'a-t-Il pas interdit de prier pour les hypocrites ? Vas-tu bénir cet ennemi de Dieu, qui t'a tant de fois trahi ?

Le Messager de Dieu se contenta de sourire. Puis, 'Umar revenant à la charge, il finit par lui dire :

— N'insiste pas, 'Umar. Dieu m'a donné le choix et j'ai choisi. Il m'a dit :

« Demande pour eux le pardon de Dieu ou ne le demande pas, demande même pour eux soixante-dix fois pardon, Dieu ne leur pardonnera pas... »

Et le Messager de Dieu ajouta :

— Si je savais qu'en allant au-delà des soixante-dix fois, Dieu pardonnerait, je l'aurais fait.

Il bénit 'Abd Allâh ibn Ubayy, assista à son enterrement et se recueillit sur sa tombe. 'Umar s'étonna alors de sa propre audace et se dit : Dieu et Son Messager en savent plus que moi ! Mais peu de temps après, Dieu révéla :

« Ne prie jamais pour l'un d'entre eux lorsqu'il est mort, ni ne te recueille sur sa tombe. Ils auront refusé de croire en Dieu et en Son Messager et ils seront morts dans la perversité. »

Par la suite, le Messager de Dieu ne bénit plus un seul hypocrite, ni ne se recueillit sur sa tombe.

(IX, 80 et IX, 84) (Al-Wâhidî, p. 261)

Les musulmans étaient massés dans la plaine d'al-Hudaybiyya et l'heure était venue de la prière de midi. A la tête de leurs ennemis, Khâlid ibn al-Walîd avait placé les cavaliers de Quraysh de telle sorte que les musulmans les trouvassent face à eux lorsqu'ils se tourneraient vers La Mecque. Bilâl appela à la prière, le Messager de Dieu se tourna vers La Mecque et les musulmans vinrent se ranger derrière lui, s'agenouillant et se prosternant après lui. La prière finie, ils se dispersèrent pour reprendre chacun sa position.

Khâlid ibn al-Walîd remarqua :

— Ils n'étaient plus sur leurs gardes. Si nous les avions chargés, nous aurions pu leur infliger de lourdes pertes. La prière est pour eux plus sacrée que leur vie ou celle de leurs enfants.

Avant l'heure de la prière suivante, celle de l'après-midi, Gabriel descendit porter au Prophète ce verset :

Lorsque tu seras avec les croyants et que tu conduiras la prière, un groupe d'entre eux devra se tenir en armes et sur sa garde à tes côtés, tandis que les autres se prosterneront derrière vous. Ensuite, ceux qui n'auront pas fait leur prière la feront avec toi, les autres se tenant en armes et sur leur garde. Les

incroyants aimeraient vous voir négliger vos armes et votre équipement pour fondre sur vous d'un seul coup.

Le Prophète conduisit la prière suivante selon ce qui venait de lui être révélé.

(IV, 102) (Al-Wâqidî, p. 582)

Le Messager de Dieu dit :

— Les choses de ce monde m'ont été dévoilées. Je vois le déroulement des événements au sein de mon peuple jusqu'au Jour du Jugement. De même m'ont été dévoilés les liens de parenté de tous les Arabes. Je connais les ascendants de chacun d'entre vous.

Un homme se leva et demanda :

— A quoi suis-je destiné ?

Le Messager de Dieu répondit :

— Au Paradis.

Un autre :

— Et moi ?

— Au Paradis.

Un troisième :

— Et moi ?

— A l'Enfer.

L'homme quitta la mosquée, en proie au désespoir.

'Abd Allâh, fils de Khuzayma, dont la filiation était mise en doute par certains, se leva et demanda :

— Qui est mon père ?

— Ton père est bien Khuzayma.

Un fils de 'Abd al-Dâr demanda :

— Et moi, qui est mon père ?

— Ton père est Sa'd.

Il venait ainsi d'apprendre que son vrai père n'était pas celui qu'il croyait.

'Umar ibn al-Khattâb se leva alors et, s'adressant au Prophète :

— Messager de Dieu, il vaut mieux nous protéger de certaines vérités... Nous sortons à peine de l'idolâtrie et de l'ignorance...

Le Messager de Dieu hocha la tête :

— C'est bien dit.

Et le Très-Haut révéla :

Vous qui croyez, ne posez pas de questions sur des choses qui, si elles vous étaient dévoilées, vous feraient tort.

(V, 101) (Muqâtil, t. I, p. 324)

Zayd ibn Hâritha avait été adopté par le Messager de Dieu, après avoir été son affranchi. Il lui demanda :

— Prophète de Dieu, marie-moi.

Le Messager de Dieu lui demanda :

— Y a-t-il une femme qui te plaise ?

— Zaynab bint Jahsh.

— Tu as bien raison, elle allie la beauté à la noblesse. Je la demanderai pour toi.

Zaynab, qui était l'une des cousines du Prophète, protesta :

— Je ne veux pas, moi qui suis la femme la plus accomplie de Quraysh, épouser un affranchi !

Son frère, qui devait donner son consentement, y répugna aussi. Mais le Messager de Dieu trancha :

— Je l'ai agréé pour vous comme époux. Je décide que vous l'épousiez.

Et Dieu révéla :

Lorsque Dieu et Son Prophète ont tranché une question, il n'appartient ni à un croyant ni à une croyante de choisir pour eux-mêmes. Quiconque désobéit à Dieu et à Son Prophète, s'égare manifestement.

Zayd épousa donc Zaynab et la connut. Mais il se plaignit peu après au Prophète de la froideur qu'elle lui manifestait. Le Prophète décida d'aller chez elle pour la raisonner. Lorsqu'il la vit, il la trouva belle et attrayante. Ce fut là un décret de Dieu. Et le Prophète rentra chez lui, le cœur empli de ce que Dieu voulut mettre d'elle. Lorsque par la suite Zayd vint se plaindre de son épouse, le Prophète lui dit :

— Garde ton épouse et vénère Dieu.

Mais son cœur lui soufflait autre chose. Jusqu'au jour où il alla frapper chez Zayd. Zaynab apparut à l'entrée, vêtue d'une seule robe, pour lui dire que Zayd était absent. Il s'en revint chez lui en proie au désir, disant :

— Gloire à Dieu Tout-Puissant qui dispose de nos cœurs !

Lorsque Zayd apprit de sa femme ce qui s'était passé, il alla voir le Prophète et lui dit :

— Permets-moi de me séparer de ma femme.

Le Prophète répéta :

— Garde ton épouse et vénère Dieu.

Zayd repartit mais cessa tout commerce avec sa femme.

Alors Dieu révéla :

A celui que Dieu a comblé de bienfaits et que tu as toi-même comblé de bienfaits, tu disais : Garde ton épouse et vénère Dieu. Tu cachais ainsi en toi ce que Dieu allait faire apparaître. Tu craignais les gens. Mais Dieu est plus à craindre qu'eux ! Lorsque Zayd eut cessé tout commerce avec elle, nous te l'avons donnée pour épouse...

(XXXIII, 36 et 37) (Muqâtil, t. III, p. 47)

Intervention divine, en temps réel, dans la vie terrestre du Prophète, de Zayd et de Zaynab.

Cette dernière souligne d'ailleurs avec fierté le privilège que cette intervention lui vaut :

Après que Zaynab eut épousé le Prophète, elle dit :

— Aucune autre des épouses du Prophète ne se compare à moi. Elles ont toutes été mariées avec des dots, en vertu de l'autorité parentale. Moi j'ai été mariée en vertu

d'un décret de Dieu et de Son Prophète. Dieu l'a révélé dans Son Livre, que tous les musulmans récitent et qui ne peut être changé...

(Ibn Sa'd, t. X, p. 105)

VERSETS CONCERNANT LA PERSONNE DU PROPHÈTE

Il existe un certain nombre de versets qui concernent le statut personnel du Prophète et le respect qui lui était dû au cours de sa vie terrestre. On ne voit pas comment, aujourd'hui, le croyant peut « prendre au pied de la lettre » les prescriptions qu'ils contiennent.

A Yathrib, une délégation des Banû Tamîm voulut voir le Messager de Dieu en milieu de journée, alors qu'il était couché. Ils l'appelèrent à voix haute :

— Muhammad, sors de chez toi!

Le Messager de Dieu se leva et sortit les voir. Mais le Très-Haut révéla :

Ceux qui t'appellent de l'extérieur de tes appartements le font, pour la plupart, parce qu'ils ne raisonnent pas. Mieux leur vaudrait attendre que tu viennes à leur rencontre.

(XLIX, 4-5) (Al-Zamakhsharî, p. 1034) (Al-Wâhidî, p. 403)

'Umar et Abû Bakr eurent une querelle et leurs voix s'élevèrent en présence du Messager de Dieu. A la suite de quoi le Très-Haut révéla :

Vous qui croyez, n'élevez pas votre voix au-dessus de celle du Prophète. Ne haussez pas le ton en lui parlant comme il vous arrive de le faire entre vous. Vous y perdriez le bénéfice de vos œuvres sans même vous en douter...

(XLIX, 2) (Al-Wâhidî, p. 402)

Le Prophète entendit Talha ibn 'Ubayd Allâh, l'un de ses compagnons, dire :

— Par Dieu, si Muhammad meurt et je suis encore en vie, j'épouserai 'A'isha.

Dieu révéla :

Il ne vous appartient pas d'offenser le Messager de Dieu, ni d'épouser l'une ou l'autre de ses épouses après lui. Cela serait devant Dieu une faute très grave.

(XXXIII, 53) (Al-Wâhidî, p. 354) (Al-Zamakhsharî, p. 863).

Seuls sont croyants ceux qui croient en Dieu et en Son Messager. S'ils sont avec lui pour traiter une affaire, qu'ils ne se retirent pas avant de lui en avoir

demandé permission. Ceux qui demandent permission sont ceux qui croient en Dieu et en Son Messager. S'ils te demandent permission pour une affaire les concernant, accorde-la à qui tu veux... (XXIV, 62)

Toi le Prophète, Nous avons déclaré licites pour toi les épouses auxquelles tu as donné leur douaire, les captives de guerre que Dieu t'a destinées, les filles de ton oncle paternel et de tes tantes paternelles, les filles de ton oncle maternel et de tes tantes maternelles, qui ont émigré avec toi, ainsi que toute femme croyante qui s'est offerte au Prophète et que le Prophète a voulu épouser. Ce privilège t'est accordé à l'exclusion des autres croyants... Que tu fasses attendre celles d'entre elles que tu veux, que tu accueilles celles que tu veux ou encore certaines de celles que tu as auparavant délaissées, on ne peut t'en faire grief... Mais il ne t'est plus permis de changer d'épouses, ni d'en prendre de nouvelles, même si leur charme te séduit, en dehors de tes esclaves... (XXXIII, 50-52)

Pour le mariage du Prophète avec Zaynab bint Jahsh, il y eut une fête avec du pain et de la viande. Les gens venaient, mangeaient et partaient, laissant la place aux suivants. Pendant ce temps, la nouvelle épouse avait le visage tourné vers le mur.

A la fin, il resta dans la maison trois hommes, engagés dans une conversation qui ne finissait pas. Cela devenait pénible. Le Messager de Dieu ne dit rien et sortit.

Alors seulement, les hommes comprirent que leur présence était devenue pesante et ils s'en allèrent.

Le Prophète entra alors chez Zaynab. Anas ibn Mâlik, son affranchi, voulut le suivre. Mais le Prophète baissa le voile derrière lui.

Et Dieu révéla :

Vous qui croyez, n'entrez pas dans les demeures du Prophète sans avoir été invités à y prendre un repas et sans attendre que le moment soit venu. Quand vous êtes invités, entrez et, après avoir mangé, dispersez-vous. Ne prolongez pas vos conversations, cela offense le Prophète, qui a honte de vous le faire savoir. Mais Dieu n'a pas honte de la Vérité. Et si vous demandez quelque objet à ses épouses, demandez-le à travers un voile. C'est plus pur pour vos cœurs et pour les leurs.

(XXXIII, 53) (Al-Zamakhsharî, p. 862)

VERSETS CONCERNANT DES CONTEMPORAINS DU PROPHÈTE

La remarque du chapitre précédent s'applique, a fortiori, aux versets concernant certains contemporains du Prophète, cités nommément dans le Coran. Dans la mesure où ces versets se réfèrent à des êtres humains ordinaires, inscrits dans l'histoire du VIIe siècle, ils ne peuvent être « suivis à la lettre ».

Au tout début de sa prédication, le Prophète haranguait ainsi une foule de Mecquois :

— Je dois vous avertir de l'imminence d'un châtiment terrible... Je ne peux vous être d'aucune utilité en ce monde, ni d'aucun secours dans l'au-delà, si vous ne dites : Il n'y a d'autre dieu que Dieu !

Il s'attira cette malédiction de l'un de ses oncles paternels, Abû Lahab :

— *Puisses-tu mourir dans la journée ! Est-ce pour cela que tu nous as rassemblés ?*

En réponse à cette malédiction, Dieu vint au secours du Prophète :

Périssent les mains d'Abû Lahab ! Périsse Abû Lahab lui-même ! Ses biens ni ses gains ne lui serviront à rien. Il brûlera d'un feu ardent, auquel sa femme, portant une corde de fibre au cou, apportera du bois !

(CXI, 1-5) (Ibn Kathîr, t. III, p. 53).

Dieu condamne un ennemi du Prophète, ainsi que sa femme, aux flammes éternelles de l'Enfer. Voici donc cinq versets du Coran, se rapportant directement aux circonstances de l'époque et concernant exclusivement les deux personnes d'Abû Lahab et de sa femme.

Lorsque le Prophète emmena les musulmans à la bataille de Tabûk, il y eut trois d'entre eux qui restèrent en arrière, sans donner de raison et sans demander de permission au Messager de Dieu. Plus tard ils s'en repentirent. Mais les musulmans, ne le sachant pas, leur en tinrent rigueur et refusèrent de les fréquenter ou de commercer avec eux. La terre entière parut alors étroite à ces trois. Quelque temps après, Dieu vint à leur secours dans ce verset :

(Dieu est aussi revenu vers) **ces trois hommes qui étaient restés à l'arrière, à qui la terre, aussi vaste fût-elle, semblait trop étroite, à qui leur âme semblait trop étroite et qui avaient compris qu'il n'y a de**

refuge face à Dieu qu'en Dieu. Alors Il est revenu à eux, afin qu'ils reviennent à Lui. Dieu est Celui qui revient, le Miséricordieux...

(IX,118) (Muqâtil, t. II, p. 75)

Selon 'A'isha :

Gloire à Celui dont l'ouïe embrasse toute chose!

Khawlâ bint Tha'laba vint voir le Messager de Dieu et j'entendis des bribes de ce qu'elle lui dit, se plaignant de son époux :

— Messager de Dieu, il a pris ma jeunesse... Je lui ai offert mon ventre... puis mon âge s'est avancé, j'ai cessé d'enfanter... il s'est détourné de moi... Je viens me plaindre à Dieu...

Elle était à peine partie, que Gabriel vint transmettre le verset :

Dieu a entendu le propos de celle qui est venue te parler de son époux et se plaindre de lui à Dieu. Dieu a entendu votre conversation. Dieu est Celui qui entend et qui voit.

(LVIII, 1) (Al-Wâhidî, p. 427)

VERSETS PORTANT SUR DES ÉVÉNEMENTS HISTORIQUES

Il existe en outre un certain nombre de versets qui évoquent des événements précis. Ce sont des références directes au temps historique inscrites dans la Parole de Dieu. Les croyants peuvent y puiser des informations, ou une inspiration morale, mais ils ne peuvent évidemment pas les « prendre au pied de la lettre ».

Perses et Byzantins étaient en guerre perpétuelle. Alors que le Prophète se trouvait encore à La Mecque, le roi des Perses, Khusrû, infligea une grande défaite aux Byzantins. César dépêcha contre lui, aux confins du pays des Arabes, une armée, qui fut à son tour vaincue.

La nouvelle parvint à La Mecque, où le Prophète et ses compagnons l'accueillirent avec tristesse – car c'était une victoire remportée par des zoroastriens, gens sans Livre, sur des chrétiens, gens du Livre. Les Qurayshites [polythéistes mecquois], *au contraire, s'en réjouirent. Ils allèrent voir des compagnons et leur dirent :*

— Nos frères perses ont vaincu vos frères romains [byzantins]. *C'est ce qui se passera si vous vous en prenez à nous. Nous vous battrons aussi.*

Dieu révéla alors :

Les Romains ont été vaincus dans le pays voisin. Mais après leur défaite, dans quelques années, ce seront eux qui vaincront.

Abû Bakr, le plus proche compagnon du Prophète, alla trouver les Qurayshites et leur dit :

— Ne vous réjouissez pas trop vite. Par Dieu, les Romains vont battre les Perses dans quelques années.

Un Qurayshite rétorqua :

— Tu mens ! Faisons donc un pari, avec un délai.

Abû Bakr paria dix chameaux, que les Romains vaincraient dans un délai de trois ans. Puis il alla voir le Prophète et lui raconta :

— J'ai parié avec un Qurayshite que le Tout-Puissant donnerait la victoire aux Romains d'ici trois ans.

Le Prophète répondit :

— Dieu a dit : **dans quelques années.** *« Quelques » se situe entre trois et neuf ans. Va voir le Qurayshite pour augmenter l'enjeu et rallonger le délai.*

Abû Bakr alla retrouver le Qurayshite, qui le reçut ironiquement :

— Tu viens te rétracter?

— Au contraire. Je viens augmenter l'enjeu et allonger le délai. Parions cent chameaux sur un délai de neuf ans.

— C'est d'accord.

Avant le terme du délai, la nouvelle leur parvint que les Romains avaient vaincu les Perses.

(XXX, 2-4) (Muqâtil, t. III, p. 3)

Non seulement une guerre précise est citée dans le Coran, mais elle fait l'objet d'une approximation temporelle : « *Dieu a dit :* **Dans quelques années.** » A noter en outre que les paris, au même titre que les autres jeux de hasard, seront plus tard interdits par le Coran (verset V, 90).

Au cours des dix dernières années de sa vie, le Prophète, qui s'est établi avec les siens à Yathrib, conduira lui-même plusieurs batailles. Certaines d'entre elles sont citées dans le Coran. A commencer par celle de Badr, que le Prophète a remportée haut la main, alors que l'armée des Mecquois était largement supérieure à celle des musulmans en hommes et en armes.

Les armées de l'islam et de La Mecque se faisaient face avant l'attaque. Le Prophète s'était retiré un mo-

ment dans l'abri qui lui avait été aménagé, suivi du seul Abû Bakr. Il implora Dieu de lui offrir la victoire qu'Il lui avait promise, disant :

— Seigneur, si Ta communauté était vaincue en ce jour, il n'y aurait plus personne pour t'adorer!

Abû Bakr intervint :

— Messager de Dieu, tu n'as plus besoin d'implorer Ton Seigneur. Il te donnera sûrement la victoire qu'Il t'a promise!

Le Prophète fut soudain pris par ce qui le prenait lorsque Dieu s'adressait à lui. Puis il revint à lui et dit :

— Réjouissons-nous, Abû Bakr! La victoire de Dieu nous est acquise. L'ange Gabriel vient de prendre les rênes d'un cheval tout couvert de poussière...

Dieu fit de Badr une victoire décisive, citée en ces termes dans le Coran :

Dieu vous a secourus à Badr, alors que vous étiez au plus bas...

(III, 123) (Ibn Ishâq, t. II, p. 196)

La bataille de Hunayn fut un autre moment mémorable dans l'épopée prophétique.

Les musulmans étaient onze mille cinq cents, qui faisaient face à quatre mille combattants de la tribu polythéiste des Hawâzin.

Un musulman dit :

— Notre avantage est tel sur notre ennemi, que nous ne pouvons pas être vaincus !

Après des combats acharnés, les polythéistes se sentirent perdus. Mais ils se redonnèrent courage, en se répétant tout haut, les doigts pointés vers leurs femmes :

— Pensez à l'humiliation de la défaite ! [Les femmes seraient réduites en captivité et distribuées aux hommes du camp vainqueur.]

Ils reprirent l'avantage et les musulmans, enfoncés, battirent en retraite [le Prophète poursuivant le combat, de plus en plus isolé]. *Al-'Abbâs, oncle paternel du Prophète, exhorta les musulmans à resserrer les rangs autour de ce dernier :*

— Vous les Ansârs, partisans de Dieu et de Son Prophète ! Vous les Muhâjirûn, qui avez juré fidélité au Prophète, c'est le moment de vous porter à son secours !

Les musulmans se reprirent à leur tour. Et un bataillon d'anges, vêtus de blanc et montés sur des chevaux couleur d'albâtre, vint prendre le relais, jusqu'à la défaite des polythéistes.

L'événement est ainsi raconté dans le Coran :

Dieu vous a porté secours en maintes occasions, notamment au jour de Hunayn, où vous tiriez vanité de votre nombre, qui ne vous a servi de rien... vous aviez pris la fuite... mais Dieu fit descendre Sa séréni-

té sur Son Prophète... Il envoya des armées que vous n'avez pas vues... Et il châtia les infidèles...

(IX, 25-26) (Muqâtil, t. II, p. 41)

Plusieurs versets sont consacrés à la bataille dite de la Tranchée, au cours de laquelle La Mecque, ayant rassemblé une grande coalition tribale, avait encerclé Yathrib. Mais le Prophète avait eu le temps de faire creuser autour de la ville une tranchée.

Au milieu des combats, certains des musulmans demandèrent au Prophète la permission de rentrer chez eux, disant que leurs maisons étaient à découvert.

Un groupe vint demander au Prophète la permission de se retirer en disant : Nos maisons sont à découvert ! Mais leurs maisons n'étaient pas à découvert. Ce qu'ils voulaient, c'était fuir le combat !

[A la fin], *Dieu envoya contre les polythéistes un vent froid, qui arracha les piquets des tentes, éteignit les feux de campement et affola les éléphants, qui tombèrent le uns sur les autres. Puis les anges glorifièrent tout haut le nom de Dieu au-dessus des têtes des polythéistes, qui abandonnèrent le combat...*

Dieu révéla à ce propos :

Vous qui croyez, rappelez-vous le bienfait de Dieu, lorsque les armées ont marché sur vous. Nous avons

lancé contre elles un vent et des bataillons invisibles...

Lorsque les musulmans virent que les coalisés se retiraient, ils comprirent que Dieu avait tenu la promesse qu'Il avait faite à Son Messager.

Lorsque les musulmans virent les coalisés, ils dirent : C'est bien ce que nous avaient promis Dieu et Son Messager. Dieu et Son Prophète disent vrai. Et cela n'a fait qu'accroître leur foi et leur abnégation.

(XXXIII,13 ; 9-10 ; 22) (Muqâtil, t. III, p. 37-39)

★

Au terme de cette lecture, il ne paraît pas possible de voir dans le Coran un Livre intégralement intemporel, de bout en bout détaché du contexte historique dans lequel il a été révélé. Dans son contenu comme dans sa forme, il se présente au contraire comme un dialogue entre ciel et terre, où Dieu s'adresse, par le truchement de Son Prophète, à des hommes et des femmes appartenant à l'Arabie du VIIe siècle. Et ces derniers attendent, au jour le jour, que Sa Parole vienne répondre aux multiples questions qu'ils se posent, s'agissant de mériter à la fois le Paradis dans l'au-delà et une dignité nouvelle ici-bas.

LES VERSETS ABROGÉS

La question de l'inscription du Coran dans le temps devient en tout état de cause incontournable, dès lors que l'on parle de « versets abrogeants » et de « versets abrogés ».

Selon de nombreux chroniqueurs, cette question s'est posée dans le contexte suivant :

La qibla ayant été détournée de Jérusalem vers La Mecque, les polythéistes dirent :

— Comment Muhammad peut-il ordonner à ses compagnons quelque chose qu'il leur interdit par la suite, pour leur ordonner autre chose? Comment peut-il dire aujourd'hui ce dont il va se dédire demain? Ce Coran n'est donc que la parole de Muhammad, des propos qui n'émanent que de lui et qui se contredisent?

Alors Dieu révéla :

Dès que nous abrogeons un verset, ou que nous

l'effaçons des mémoires, nous apportons un autre, meilleur ou analogue.

(II, 106) (Al-Wâhidî, p. 37)

Exégètes et théologiens n'ont cessé de s'interroger, au long des siècles, sur la teneur et les conséquences de ce verset si troublant.

Au dire de tous les chroniqueurs, en tout cas, l'abrogation était vécue au temps du Prophète comme une chose entendue. Les gens en parlaient comme si elle allait de soi.

Au cours de la prière du matin, le Prophète récita la sourate :

Béni soit Celui qui a révélé le Critère à Son serviteur...

Au moment de saluer, il se rendit compte qu'il avait omis un verset. Il demanda :

— Ubayy est-il présent ?

Ubayy répondit :

— Oui.

— Pourquoi ne m'as-tu pas rappelé le verset que j'ai oublié ?

— Messager de Dieu, j'ai pensé qu'il avait été abrogé.

— Non, il n'a pas été abrogé.

(XXV,1) (Al-Baghdâdî, p. 12)

'Alî ibn Abû Tâlib, cousin du Prophète, aurait un jour demandé à un « récitant » du Coran :

— Sais-tu faire la distinction entre abrogeant et abrogé?

— Non.

— Alors, tu es damné et tu condamnes ceux qui t'écoutent! [Parce qu'il attribue à Dieu des versets dont certains ont pu être abrogés et ne sont, dès lors, plus valables.]

(Al-Harawî, p. 4)

Al-Suyûtî cite même une source tardive, selon laquelle :

Si le Prophète n'a pas ordonné de rassembler tous les versets du Coran dans un volume, c'est parce qu'il s'attendait à ce que certains d'entre eux soient abrogés. Mais lorsque, à sa mort, la Révélation a cessé, Dieu a dicté aux califes inspirés la décision de rassembler tous les versets...

(Rasm al-Mushaf, p. 99)

La plupart des exégètes se sont entendus sur la définition de l'abrogation : c'est l'opération par laquelle Dieu remplace un verset par un autre, révélé ultérieurement. Mais différents cas se présentent.

Premier cas (le moins fréquent). Dieu peut décréter l'oubli par tous du verset abrogé.

On raconte qu'un croyant voulut un soir réciter une sourate coranique, mais ne le put. Un deuxième, puis un troisième, voulurent aussi la réciter mais ne le purent. Le lendemain, ils allèrent tous trois voir le Prophète. Le premier lui dit :

— Messager de Dieu, j'ai voulu réciter cette sourate hier soir et je n'ai pu le faire.

Le deuxième dit :

— Moi non plus.

Et le troisième :

— Moi non plus.

Alors le Prophète leur apprit :

— Elle a été abrogée hier.

(Al-Harawî, p. 15)

Deuxième cas. Le verset abrogé peut être retiré du Coran tout en restant dans la mémoire des hommes. Exemples.

Selon 'Asim ibn Bahdala :

Ibn Abû Ibn Ka'b me demanda :

— Combien de versets comptes-tu dans la sourate des « Coalisés » [la sourate XXXIII] *?*

— Soixante-treize versets.

— Seulement ? Je l'ai vu contenir autant de versets que la sourate de « La Vache » [286 versets].

(Mustafa Zayd, t. I, p. 285)

Anas ibn Mâlik raconte :

Les soixante-dix Ansârs qui furent tués à Bi'r Ma'ûna ont été cités dans un verset où ils disaient : « Prévenez nos gens que nous avons retrouvé notre Seigneur, qu'Il était satisfait de nous et qu'Il nous a satisfaits. » Mais ce verset a été abrogé.

(Mustafa Zayd, t. I, p. 281)

Troisième cas (le plus fréquent). L'abrogé et l'abrogeant figurent tous deux dans le Coran. Exemple :

Le verset : **De quelque côté que vous vous tourniez, la face de Dieu est là** (II, 115) a été abrogé par le verset : **Nous voyons souvent ton visage tourné vers le ciel. Nous te donnerons donc une qibla qui te plaira. Tourne ton visage dans la direction de la Mosquée Sacrée. Et vous, où que vous soyez, tournez votre visage dans cette direction.** (II,144)

Le Coran fournit ainsi maints exemples de couples de versets contradictoires, qui ne s'expliquent que si l'un des deux versets abroge l'autre.

Problème essentiel : entre deux versets figurant dans le Coran, dont l'un doit remplacer l'autre, lequel est l'abrogeant et lequel l'abrogé ? La réponse suppose que l'on sache de source sûre lequel a été révélé après l'autre. C'est loin d'être toujours le cas. L'apport des *Asbâb al-Nuzul* est, en la matière, évidemment irremplaçable. Mais même avec le secours de ces textes, nombre de doutes subsistent.

Dieu avait révélé :

Prophète, exhorte les croyants au combat ! S'il se trouve parmi vous vingt hommes endurants, ils viendront à bout de deux cents. Et s'il s'en trouve cent, ils vaincront mille incroyants, qui sont gens sans jugement !

Entendant cela, les musulmans prirent peur. Ils trouvèrent exorbitant que vingt d'entre eux eussent à affronter deux cents infidèles, et cent à en affronter mille. Ils s'en ouvrirent au Prophète.

Alors Dieu révéla :

Dieu, ayant considéré votre faiblesse, allège votre tâche. S'il se trouve parmi vous cent hommes endurants, ils en vaincront deux cents, et s'il s'en trouve mille, ils vaincront deux mille incroyants – avec la permission de Dieu...

(VIII, 65-66) (Al-Dahhâk, p. 395)

Lorsque Dieu eut détourné la qibla [direction de la prière] *de Jérusalem vers La Mecque* [en abrogeant le verset indiquant la première qibla et en le remplaçant par le verset indiquant la nouvelle] *un groupe de juifs vint trouver un groupe de musulmans et leur dit :*

— Mais dites-nous donc ce qu'il faut penser de la prière conduite en direction de Jérusalem. En l'accomplissant, étiez-vous dans la juste voie ou étiez-vous fourvoyés ? Si c'est la juste voie, comment se fait-il que vous lui tourniez le dos ? Si c'est un fourvoiement, quel sort est réservé à ceux d'entre vous qui ont suivi cette qibla et qui sont morts avant qu'elle ne soit détournée ?

Nombre de musulmans étaient morts, en effet, en se tournant vers Jérusalem pour la prière.

Le groupe de musulmans alla voir le Prophète et lui dit :

— Le Tout-Puissant nous ordonne de prier en direction de La Mecque. Quel sort est réservé à ceux de nos frères, morts alors qu'ils priaient en direction de Jérusalem ?

Dieu révéla :

Nous n'avions établi la direction dans laquelle vous vous tourniez pour la prière, qu'afin de distinguer celui qui suivait le Prophète de celui qui revenait sur ses pas...

(II,143) (Muqâtil, t. I., p. 84)

A noter que ce verset est rapporté, selon certains, à un autre événement :

Lorsque la qibla fut détournée de Jérusalem vers La

Mecque, quelques musulmans abjurèrent l'islam. Alors le Tout-Puissant révéla ce verset.

(Al-'Asqalânî, p. 211)

Reprenons les versets concernant le mariage du Prophète avec Zaynab bint Jahsh :

Lorsque Zayd eut cessé tout commerce avec elle, nous te l'avons donnée pour épouse, afin que les croyants n'aient rien à se reprocher avec les épouses de leurs fils adoptifs, une fois que ces derniers ont cessé tout commerce avec elles. (XXXIII, 37)

Puis :

Donnez aux enfants adoptifs le nom de leur père, cela est plus juste au regard de Dieu.

Alors on cessa de désigner Zayd comme le fils de Muhammad. Et l'adoption fut interdite en islam.

(XXXIII, 4) (Al-Wâhidî, p. 365)

Ce verset délégitime l'adoption, qui avait été admise par Dieu durant de longues années. Ce qui est **juste au regard de Dieu** a donc changé : jusque-là, c'était l'adoption, depuis lors, c'est son rejet.

Dieu avait révélé :

Tels sont les proches de Dieu ! Dans les jardins de la félicité, nombreux sont les premiers arrivés et peu nombreux les derniers !

Entendant ces versets, 'Umar ibn al-Khattâb pleura. Il dit :

— Messager de Dieu, nous avons cru en toi, nous t'avons suivi... et cependant ceux d'entre nous qui seront sauvés sont peu nombreux !

Alors Dieu révéla :

Nombreux seront les premiers arrivés, nombreux aussi les derniers !

Le Prophète fit appeler 'Umar et lui dit :

— 'Umar, le Très-Haut vient de faire une révélation en réponse à ce que tu as dit. Il décrète : **Nombreux seront les premiers arrivés, nombreux aussi les derniers !**

(LVI,13-14 et 39-40) (Al-Wâhidî, p. 422)

La pertinence du principe de l'abrogation s'impose, tout particulièrement, au regard des conditions historiques dans lesquelles le Prophète a reçu la Révélation. De La Mecque à Yathrib, tous les paramètres temporels de la prédication ont été bouleversés : l'attitude des musulmans face aux polythéistes, le regard qu'ils portent sur les juifs et les chrétiens, les liens qui unissent les croyants entre eux, leur rapport à la violence, ne sont plus les mêmes. Dieu, qui définit ces paramètres au fur et à mesure du déroulement de la prophétie, ne dit plus les mêmes choses d'une période à l'autre.

⋆

Mais les implications théologiques de l'abrogation sont si lourdes de sens, que des voix ont commencé à s'élever, au cours du siècle dernier, pour tenter de nier le problème à la base. Selon elles, il faut rejeter coûte que coûte la notion même d'abrogation, car elle conduit à admettre, dans le Coran, des moments qui se succèdent, des *avant* et des *après* – soit une dimension temporelle. Et dans ce cadre, des moments qui comptent plus que d'autres, des moments qui en effacent d'autres. Tous les versets du Coran ne sont plus, dès lors, imprescriptibles.

Si la notion de temps, dans le Coran, devient incontournable, on comprend qu'elle embarrasse les littéralistes, mais il n'y a aucune raison pour qu'elle embarrasse le croyant. Paradoxalement, elle seule permet de rétablir la plénitude du pouvoir et du savoir divins.

C'est parce que Dieu intervient dans le temps, qu'Il peut délivrer des vérités relatives, liées à telle ou telle conjoncture. Et lorsque les circonstances changent, les vérités relatives changent avec elles. Si donc il arrive à Dieu de dire deux choses contradictoires, c'est parce que la vérité a changé entre-temps. Dieu a toujours raison au moment où Il parle. S'agissant de Ses prescriptions relatives, il faut seulement rapporter chacune d'elles aux circonstances dans lesquelles Il l'a édictée.

Dès que nous abrogeons un verset, ou que nous l'effaçons des mémoires, nous apportons un autre, meilleur ou analogue.

Il ne peut y avoir de verset « meilleur » qu'un autre, si on reste dans l'absolu. Dans l'absolu tout se vaut, il n'y a pas de comparaison possible. Pour qu'un verset soit « meilleur » qu'un autre, ils doivent être tous les deux de portée relative. Et ils ne peuvent être tous les deux vrais que s'ils sont rapportés à des circonstances différentes, c'est-à-dire à des changements dans le temps.

LES CIRCONSTANCES ET LES CAUSES

Tout au long de ces pages, on s'est efforcé de montrer qu'une lecture sans a priori du Coran, lorsqu'elle est éclairée par les circonstances de sa révélation (les *Asbâb al-Nuzul*), révèle une évidence : celle d'une Parole divine « descendue » dans le temps humain.

Comment se fait-il donc que tant d'exégètes, de juristes et de savants, qui n'ont pourtant cessé de faire usage des *Asbâb al-Nuzul* au fil des siècles, n'aient pas été amenés à remettre en question le postulat littéraliste ?

C'est que, s'ils ont reconnu la vertu explicative de cet outil, ils lui ont refusé toute validité causale.

Pour eux, les circonstances de la « descente » des versets coraniques n'ont aucune part, ni dans la définition du contenu de ces versets, ni dans leur mise en forme, ni dans le déclenchement de leur révélation. Le contenu et la forme des versets, de même que les modalités de leur révélation, ont pour cause unique la Volonté intemporelle de Dieu, préexistant à la Création du monde. Les circonstances, participant de la Création, ne peuvent en aucune manière être assimilées à des causes.

Mais comment expliquer que ces circonstances viennent alors encadrer, si étroitement, des versets conçus, formulés et révélés indépendamment d'elles ? S'il n'existe aucun rapport de cause à effet entre la révélation d'un verset et la circonstance qui l'accompagne, comment se fait-il que cette circonstance soit si indispensable à l'intelligence de ce verset ?

Les docteurs se sont longuement penchés sur ces questions. Exemples des réponses qu'ils ont proposées. Une circonstance peut « coïncider » avec la révélation d'un verset, mais ce ne serait qu'une « concomitance » non nécessaire entre deux événements distincts. Ou encore : Dieu aurait choisi de créer des circonstances temporelles, venant encadrer la « descente » des versets intemporels, comme autant de prétextes pour placer les croyants en situation de comprendre ces versets.

Mais de telles réponses soulèvent de nouvelles questions.

Comment définir les échanges en temps réel entre Dieu et Son Prophète, qui, par ses prières, ses questions, ses attentes, a directement suscité la descente d'une grande partie des versets du Coran ? Faut-il penser que l'ensemble de ces moments, vécus avec ferveur par le Prophète, et racontés dans ses *Hadîths* (Propos du Prophète), n'ont fait que refléter des concomitances fortuites, ou des prétextes apparents, choisis par Dieu pour révéler des versets formulés dès avant la Création ?

Comment penser, d'autre part, le fait que certains versets, révélés par Dieu, aient été ensuite abrogés par Lui, si ces versets, participant de Son essence intemporelle, ne peuvent être affectés par des changements dans le temps ?

Enfin, comment expliquer les personnes et les faits évoqués dans le corps même du Coran ? En d'autres termes, comment expliquer les traces du temps inscrites dans un texte intemporel ?

On l'a vu, sont évoqués dans le Coran des événements survenus au cours de la période de la Révélation, tels que les batailles de Badr, de la Tranchée, de Hunayn. Sont cités ou désignés dans le Coran des humains, contemporains du Prophète, tels que son fils adoptif Zayd ibn Hâritha, son compagnon aveugle Ibn Umm Maktûm, le traître Abû Lahab. Sans parler de la référence omniprésente, dans le Coran, au Prophète lui-même, à qui Dieu s'adresse directement et nommément pour révéler Sa Parole.

Si tous les versets du Coran étaient « incréés » – s'ils participaient, jusque dans leur formulation, de l'essence intemporelle de Dieu – il en découlerait, nécessairement, que toutes les personnes et tous les événements évoqués dans le Coran participent eux-mêmes de l'essence intemporelle de Dieu. Or, ces faits participent de la Création. Comment la Création participerait-elle de l'essence intemporelle de Dieu ? Cela reviendrait à annuler la différence ontologique entre Dieu et Sa Création. Ce que récuse tout le discours coranique.

★

L'impasse à laquelle mène la problématique du « Coran incréé » fait ressortir, par contraste, l'évidence logique et la cohérence pédagogique de la problématique du « Coran créé ».

Selon cette dernière, la Parole de Dieu est « descendue » dans la Création. Elle s'est manifestée en liaison avec les circonstances changeantes de la prédication prophétique. Si ces circonstances éclairent le sens de nombreux versets du Coran, c'est parce qu'elles font partie intégrante du processus temporel par lequel s'est actualisée la révélation de ces versets.

ENTRE HIER ET AUJOURD'HUI

Ayant élu les Arabes comme dépositaires privilégiés de Sa dernière Parole, Dieu a fait en sorte que cette Parole soit parachevée et que la plupart des grandes tribus de la Péninsule s'unissent sous sa bannière, du vivant même du Prophète, afin qu'après sa mort, les Arabes soient prêts à transmettre Son Message au reste de l'humanité.

A cette fin, Dieu a pris en charge le destin terrestre de la communauté musulmane naissante. Il est intervenu dans les multiples situations que le Prophète a dû affronter au cours de sa prédication, répondant à ses implorations, résolvant ses dilemmes, se portant à son secours. Chemin faisant, Il lui a révélé des principes spirituels auxquels les esprits et les cœurs pouvaient s'ouvrir instantanément. Mais aussi des prescriptions temporelles, destinées à humaniser la vie des croyants, à améliorer leur sort et à vaincre leurs ennemis, dans un contexte qui, lui, ne pouvait être métamorphosé instantanément – mais seulement modifié pas à pas.

C'est ainsi que – contrairement au judaïsme et au christianisme, qui avaient été rejetés par l'Arabie, parce qu'ils étaient trop étrangers à sa culture – le Coran a unifié sous sa bannière, en moins d'une décennie, la grande majorité des tribus de la Péninsule. Parce que Dieu l'a formulé de telle sorte qu'il puisse pénétrer les replis secrets de l'âme arabe et inspirer aux croyants une solidarité religieuse qui, sans abolir leurs allégeances claniques, a prévalu sur elles comme un principe supérieur. Ainsi la logique d'unité propre à l'islam a-t-elle pu l'emporter sur la logique de division propre à la société tribale.

★

Comment les vingt-deux années de la Révélation ont-elles été vécues par les compagnons du Prophète, qui en furent les acteurs privilégiés ?

La branche de l'exégèse désignée par le terme générique d'*Asbâb al-Nuzul* nous fournit à ce propos des éléments de réponse essentiels. Elle ne nous permet pas seulement, en effet, de comprendre le texte coranique, mais aussi de pénétrer les états d'âme de ceux qui ont vécu le moment de son avènement.

Cette donnée possède une valeur d'exemple sans pareille pour tous les musulmans. A juste titre. Les premiers croyants, ceux qui ont rejoint le Prophète pour assumer avec lui tous les dangers, en attendant à ses côtés, au jour le jour, la « descente » du Coran, représentent l'exemple du musulman par excellence. Ils ont des choses irremplaçables à dire à ceux qui viennent après eux.

C'est pourquoi l'image que l'on donne de la première communauté musulmane, en particulier de la manière dont elle a vécu son rapport à Dieu, est si importante : elle conditionne tout naturellement l'attitude des croyants d'aujourd'hui.

L'image qui a le plus souvent cours, à l'heure actuelle, est celle d'une communauté d'hommes et de femmes, attendant passivement la révélation de commandements irrévocables, de la part d'un Dieu inaccessible.

Les *Asbâb al-Nuzul* nous donnent à penser tout autre chose.

L'image qu'ils nous transmettent est celle d'hommes et de femmes qui se sont constamment sentis dans la proximité immédiate de Dieu, d'un Dieu Tout-Puissant, mais aussi plein de bienveillance et de compassion. Ils s'adressaient à Lui par le truchement de Son Prophète, avec une liberté et une candeur à la mesure de la foi qui les animait. Tout au long de ces années cruciales, ils se sont comportés comme des acteurs à part entière de l'Histoire dont Dieu leur ouvrait la voie.

Ils recevaient de Lui aussi bien les fondements de la « vraie religion » que les diverses prescriptions réglant leur vie ici-bas, en s'en remettant à Sa volonté. Mais non sans avoir leur mot à dire. Et ils le disaient, avec le double sentiment qu'ils étaient en droit de faire des requêtes à Dieu et que Dieu les entendrait.

Les commandements de Dieu étaient vécus dans un espace de conscience où régnaient, en même temps que la vénération et l'obéissance, la vivacité, la sincérité, parfois même la véhémence, d'êtres humains qui s'ouvraient à un nouvel horizon de vie, qui découvraient la subjectivité et la responsabilité personnelles, auxquelles le Message de Dieu venait justement de les éveiller.

Ainsi les compagnons du Prophète se sont-ils adressés à Dieu dans plusieurs registres. Exemples.

Ils formulaient des questions précises attendant réponse :

Les musulmans s'en revenaient chez eux, après la conclusion de la trêve d'Al-Hudaybiyya, tristes et abattus de n'avoir pu accomplir le pèlerinage pour lequel ils étaient partis. Sur ces entrefaites, le Très-Haut révéla à Son Messager :

Nous t'avons accordé une éclatante victoire. Dieu te pardonne les premiers et les derniers de tes péchés. Il complète en toi Sa grâce et te guide dans le droit chemin.

Lorsque le Messager de Dieu récita ce verset à ses compagnons, l'un d'entre eux lui dit :

— Il faut se féliciter, Messager de Dieu, de ce que le Très-Haut te réserve et t'accorde. Mais que nous réserve-t-Il et nous accorde-t-Il, à nous ?

Le Très-Haut révéla alors :

Annonce aux croyants la bonne nouvelle d'une grande grâce que Dieu leur accorde...

Et :

... Les croyants et les croyantes, Dieu les fasse entrer pour l'éternité dans les Jardins où coulent les

ruisseaux et où Il efface leurs actions mauvaises. C'est là, auprès de Dieu, un bonheur immense.

(XLVIII, 1-2) (XXXIII, 47) (XLVIII, 5) (Muqâtil, t. III, p. 245) (Al-Wâhidî, p. 398)

Les croyants pouvaient aussi demander avec insistance des éclaircissements, des précisions :

'Umar ibn al-Khattâb avait exprimé tout haut le souhait :

— Seigneur, dis-nous ce qu'il faut penser du vin!

Le Messager de Dieu lui récita le verset suivant :

Ils t'interrogent sur le vin et sur le jeu de hasard. Dis : Ils comportent tous deux, pour les gens, un péché grave et certains avantages. Mais le péché l'emporte sur les avantages.

'Abd al-Rahmân ibn 'Awf prépara un repas, auquel il invita plusieurs des compagnons du Messager de Dieu. Ils mangèrent et burent du vin.

Lorsque vint l'heure de la prière du soir, il voulut la conduire et récita :

— Dis : O vous les incroyants...

Il ne put continuer.

Apprenant cela, 'Umar s'exprima à nouveau :

— Seigneur, éclaire-nous par un verset explicite sur le vin!

Dieu révéla un autre verset :

Vous qui croyez, n'approchez pas la prière en état d'ivresse, pas avant de savoir ce que vous dites...

Mais l'oncle du Prophète, en état d'ébriété, tua sauvagement deux chameaux appartenant à son neveu 'Alî. Lorsque le Prophète alla le lui reprocher, il l'accueillit avec des insultes. Excédé, 'Umar demanda un verset sur le vin qui fût plus péremptoire.

Dieu révéla alors ce troisième verset :

Le vin, le jeu du hasard, les bétyles et les flèches divinatoires sont une souillure, l'œuvre de Satan. Ecartez-vous-en, dans l'espoir de connaître le salut.

(II, 219 ; IV, 43 ; V, 90-91) (Al-Harawî, p. 249)

Les musulmans pouvaient même aller plus loin. Ils objectaient à certains versets, dont la charge leur paraissait trop lourde à porter, ou dont les retombées les lésaient directement :

Dieu révéla :

Que vous dévoiliez ce qui est en vous ou que vous le cachiez, Dieu vous en demandera compte. Puis Il pardonne à qui Il veut et punit qui Il veut...

Les musulmans ne savaient plus ce qu'ils devaient faire. Abû Bakr, 'Umar et d'autres compagnons vinrent voir le Messager de Dieu, se mirent à genoux et dirent :

— Messager de Dieu, le Très-Haut nous commande de faire, dans la mesure de nos moyens, la prière, le jeûne, l'effort de guerre et l'aumône. Mais ce dernier

verset, qu'Il vient de te révéler, est au-dessus de nos forces. Nous n'avons jamais entendu de verset aussi sévère. Il nous arrive souvent d'avoir des pensées que nous chassons ensuite de notre cœur. Le monde est plein de tentations. Et Dieu voudrait nous sanctionner sur chacune des pensées qui passent dans nos têtes ? Nous serions tous condamnés à l'Enfer !

Le Messager de Dieu répondit :

— C'est ainsi que le verset m'a été révélé.

— Dans ce cas, nous sommes tous condamnés, car ce qui nous est commandé est au-dessus de nos forces (...).

Ils partirent, en proie à une détresse et une inquiétude croissantes.

Alors Dieu vint à leur secours et révéla :

Dieu ne charge une âme que de ce qu'elle peut porter. Elle aura, pour elle ou contre elle, ce qu'elle se sera acquis...

Ce verset abrogea le précédent. Et le Messager de Dieu dit :

— S'agissant de mon peuple, Dieu ferme les yeux sur les pensées de chacun, tant que ces pensées n'ont été traduites ni en actes ni en paroles.

(II, 284 et 286) (Al-Wâhidî, p. 97 et Al-Harawwî, p. 275)

Dieu avait révélé :

Les poètes sont suivis par ceux qui s'égarent. Ne

les vois-tu pas errant dans les vallées, disant ce qu'ils ne font pas ?

Mais il y avait des poètes musulmans, qui mettaient les paroles du Prophète en vers, et ces vers étaient entendus par les tribus bédouines, qui les récitaient à leur tour.

Certains de ces poètes allèrent voir le Prophète et objectèrent à ces versets :

— Nous sommes damnés.

Alors Dieu révéla :

... A l'exception de ceux qui croient, qui accomplissent de bonnes œuvres, qui évoquent sans cesse le nom de Dieu...

(XXVI, 224-226 et 227) (Al-Mâwardî, t. IV, p. 190)

★

Les compagnons du Prophète vivaient les versets du Coran au plus profond d'eux-mêmes, ils en intériorisaient toutes les significations. C'est pourquoi ils se reconnaissaient le droit de demander à Dieu, en toute humilité, de revenir sur des versets qui se situaient trop loin de leurs repères existentiels, ou qui les mettaient en conflit avec leur conscience.

Si les premiers musulmans accueillaient ainsi la Parole de Dieu, au moment même où se déployait la Révélation, comment prétendre, quatorze siècles plus tard, que tous les versets du Coran sont à suivre tels quels, au mot près ?

Depuis la Révélation, nous n'avons pas seulement changé d'époque, nous avons changé de monde. Une distance incommensurable sépare les catégories mentales, les références techniques, les priorités individuelles, que l'on avait alors, de celles que l'on a aujourd'hui. Religions, communautés, cultures font toutes désormais partie d'une humanité unique, tressée de destins contradictoires mais inséparables. Les rapports entre musulmans et non-musulmans, entre croyants et non-croyants, entre le spirituel et le temporel, entre le collectif et l'individuel, se déclinent sur un mode que les premiers musulmans ne pouvaient même pas concevoir.

Ainsi n'y a-t-il plus de sens, de nos jours, à vouloir suivre à la lettre les versets appelant à libérer un esclave pour se faire pardonner un péché. Alors que l'esclavage a disparu, officiellement du moins, dans les pays musulmans, on ne peut pas le rétablir, afin de pouvoir continuer à se faire pardonner en libérant des esclaves.

Il n'y a plus de sens à vouloir suivre à la lettre les versets qui infériorisent socialement la femme. Alors qu'elle va désormais à l'école et à l'université, qu'elle travaille en usine ou au bureau, qu'elle accède aux plus hautes responsabilités, on ne peut lui dénier une égalité civique pleine et entière, sous prétexte que le statut social auquel elle a accédé lors de la Révélation était meilleur que celui que lui accordait la société polythéiste arabe.

Il n'y a plus de sens à vouloir suivre à la lettre les versets appelant les croyants à défendre l'islam par le sabre. Alors que nulle part, y compris en pays non musulmans, on n'empêche ces croyants de prêcher librement et publiquement leur religion, on ne peut réserver à tous les non-musulmans d'aujourd'hui le traitement réservé jadis aux polythéistes qui avaient chassé le Prophète de La Mecque.

La plupart des pays musulmans ont aboli l'esclavage ; ils ont reconnu aux femmes, à l'égal des hommes, le droit de voter et d'être élues ; ils ont ratifié la Charte des Nations unies, en vertu de laquelle ils coopèrent pacifiquement avec des peuples sans Dieu. Ils contreviennent ainsi à plusieurs prescriptions coraniques. Ils n'ont pas renié le Coran. Ils ont reconnu, en fait sinon en droit, que toutes ses prescriptions n'avaient pas la même portée et que certaines d'entre elles, historiquement connotées, ne concernaient plus le monde actuel.

★

Suivre l'exemple des compagnons du Prophète, aujourd'hui, c'est donc faire le contraire de ce à quoi appellent les littéralistes, c'est reconnaître que les prescriptions reflétant des attentes spécifiquement liées au VIIe siècle ne peuvent plus guider les hommes et les femmes du XXIe.

Alors le croyant est délesté de l'écrasant fardeau qui consiste à tricher sans cesse avec sa conscience, en ignorant ou en contournant certaines prescriptions, alors même qu'il se croit tenu de les suivre. Il retrouve sa liberté intérieure. Il est disponible pour l'aventure spirituelle et humaine à laquelle le Coran le convie.

Il s'agit dès lors pour lui, non de résumer le monde dans le Coran, mais, guidé par le Coran, d'aller à la découverte du monde. De chercher la voie de Dieu sur les chemins de la vie. De déceler des profondeurs toujours plus lointaines, des horizons toujours plus vastes, des résonances toujours plus subtiles, dans le sens infini que Dieu donne à Sa création.

C'est ainsi qu'il peut s'élever à hauteur de la mission dont Dieu l'a investi : celle d'être **Son lieutenant sur la terre.** (XXIV, 55)

Il a pour cela, durant sa vie ici-bas, une œuvre à accomplir pour le bien de ses semblables, aussi bien que des devoirs à remplir envers Dieu.

La piété consiste à croire en Dieu, au Jour Dernier, aux anges, au Livre et aux prophètes ; à donner de son bien, par amour pour Lui, aux proches, aux orphelins, aux pauvres, au voyageur, aux mendiants et pour affranchir des esclaves ; à accomplir la prière et à acquitter l'aumône. Ceux qui remplissent les engagements qu'ils ont pris, ceux qui gardent patience dans l'adversité, dans le malheur et face au danger, voilà ceux qui sont dans le vrai... (II,177)

Les obligations rituelles sont simples, clairement délimitées, à la portée de tout croyant :

Un homme appartenant à une tribu bédouine vint voir le Messager de Dieu et l'interrogea :

— Au dire de l'un de tes émissaires, tu serais l'Envoyé de Dieu ?

Le Messager de Dieu acquiesça (...).

L'homme demanda alors :

— Au dire de ton émissaire, nous avons cinq prières à accomplir le long d'une journée ?

— L'émissaire a dit vrai.

— Au nom de Celui qui t'envoie, c'est bien Dieu qui commande cela ?

— Oui.

— Au dire de ton émissaire, nous avons une aumône à acquitter sur nos biens ?

— Il a dit vrai.

— Au nom de Celui qui t'envoie, c'est bien Dieu qui commande cela ?

— Oui.

— Au dire de ton émissaire, nous devons jeûner le mois de Ramadan ?

— Il a dit vrai.

— Au nom de Celui qui t'envoie, c'est bien Dieu qui commande cela ?

— Oui.

— Au dire de ton émissaire, le pèlerinage à la Maison de Dieu s'impose à qui peut l'accomplir ?

— Il a dit vrai.

— Au nom de Celui qui t'envoie avec la Vérité, je ne ferai rien de plus que cela et rien de moins.

Lorsqu'il fut parti, le Messager de Dieu dit à ceux qui l'entouraient :

— *S'il fait ce qu'il dit, il ira au Paradis.*
(Muslim, p. 17)

[Après la mort du Prophète], *à un homme qui lui demandait pourquoi il ne participait pas à la guerre, 'Abd Allâh, fils de 'Umar ibn al-Khattâb, répondit :*

— *J'ai entendu le Messager de Dieu dire : l'islam repose sur cinq piliers : l'attestation qu'il n'y a de dieu que Dieu, la prière, l'aumône légale, le jeûne de Ramadan et le pèlerinage à la Maison de Dieu.*
(Muslim, p. 18)

Au-delà de la foi en Dieu et de l'observance des devoirs rituels qu'Il commande, le croyant est appelé à conduire une action terrestre orientée vers le bien de ses semblables. Le Coran éclaire la dimension morale de son parcours, mais le laisse libre de ses choix sur le plan pratique. Il doit faire ces choix en accord intime avec sa conscience, car il en assumera seul, au Jour du Jugement, la pleine responsabilité.

LISTE DES AUTEURS ET DES LIVRES CITÉS

Al-'Asqalânî : *Al-i'jâb fî bayân al-asbâb* (Dâr Ibn Hazm, Beyrouth, 2002).

Al-Baghdâdî : *Al-asmâ' al-mubhamâ fî al-anbâ' al-muhkamâ* (Maktabat al-Khanjî, Le Caire, 1997).

Al-Bukhârî : *Sahîh* (Maktabat al-Thaqâfâ al-'arabiyya, Le Caire, 2001).

Al-Dahhâk : *Tafsîr* (Dâr al-Salâm, Le Caire, 1999).

Al-Dhahabî : *Siyar a'lâm al-nubalâ'* (Mu'asasat al-Risâla, Beyrouth, 1998).

Al-Harawî : *Al-Nâsikh wa al-Mansûkh fî al-Qur'ân al-'Azîz* (Maktabat al-Rushd, Riyad, 1997).

Al-Mâwardî : *Tafsîr* (Dâr al-Kutub al-'ilmiyya, Beyrouth, 1992).

Al-Suyûtî : *Al-Jâmi'al Saghîr* (Damas, 1997).

Al-Tabarî : *Tarîkh al-Rusul wa al-Mulûk* (Dâr al-Ma'ârif, Le Caire, 1970).

Al-Wâhidî : *Asbâb Nuzul al-Qur'ân* (Dâr al-Kutub al-'ilmiyya, Beyrouth, 1998).

Al-Zamakhsharî : *Tafsîr* (Dâr al-Ma'rifa, Beyrouth, 2005).

Ibn Bashkawâl : *Al-Ghawâmid wa al-Mubhamât* (Dâr al-Andalus al-Khadrâ', Jeddah, 1994).

Ibn Kathîr : *Al-bidâya wa al-Nihâya* (Dâr ihyâ' al-Turâth al-'arabî, Beyrouth).

Ibn Ishâq : *Al-Sîra al-Nabawiyya*, édité et expurgé par Ibn Hishâm (Dâr al-Jîl, Beyrouth,1975).

Ibn Sa'd : *Kitâb al-Tabaqât al-Kabîr,* établi par le Dr *'Alî Muhammad 'Umar* (Maktabat al-Khanjî, Le Caire, 2001).

Muqâtil : *Tafsîr* (Dâr al-Kutub al-'ilmiyya, Beyrouth, 2003).

Muslim : *Sahîh* (Maktabat al-Thaqâfa al-'arabiyya, Le Caire, 2004).

Mustafa Zayd : *Al Naskh fî al-Qur'ân al-Karîm* (Dâr al-wafâ', Al-Mansûrah, 1987).

TABLE

Cet ouvrage a été imprimé par

CPI
Firmin Didot

Mesnil-sur-l'Estrée

pour le compte des Éditions Grasset
en janvier 2009

Imprimé en France
Dépôt légal : janvier 2009
N° d'édition : 15607 – N° d'impression : 93351